JN408999

코스모스 꽃이 피었습니다

코스모스 꽃이 피었습니다

1쇄 찍음 / 2007년 11월 10일
1쇄 펴냄 / 2007년 11월 15일

저 자 / 변홍수
펴낸이 / 김태봉
편 집 / 황은진, 김주영, 김미란, 조시형
삽 화 / 정종해
영 업 / 박상필, 김명준
웹 / 이준혁
등 록 / 제5-213호
펴낸곳 / 한솜미디어
주소 / (우143-200) 서울시 광진구 구의동 243-22
전화 / (02)454-0492, 팩시밀리 (02)454-0493
HomePage http://hansom.co.kr
E-mail hansom@hansom.co.kr

값 9,000원

ISBN 978-89-5959-129-9 03810

*잘못 만들어진 책은 구입하신 서점에서 친절하게 바꿔드립니다.

코스모스 꽃이 피었습니다

변홍수 지음

책을 펴내며

초등학교 시절인 1960년대 초에는 강원도 두메산골에 살았다. 봄에는 학교 뒷산에 올라가서 진달래꽃을 꺾고 여름에는 강가에서 수영을 하거나 물고기를 잡았다. 밤에는 하얀 불을 꽁무니에 달고 날아다니는 반딧불을 쫓아다녔으며, 겨울이 오면 눈사람을 만들고 아버지가 철사줄로 솜씨 있게 만들어준 썰매를 손이 아프도록 탔다.

어쩌다 선생님이 미국 원조물자인 강냉이가루나 우유가루를 바가지로 퍼서 보자기에 담아주는 날이면, 어깨에 둘러메고는 어머니에게 자랑하려고 눈썹이 휘날릴 정도로 달려가다 넘어지는 바람에 된통 코를 깬 적도 있다.

가슴 아리던 고등학교 시절과 번민의 많은 날들을 보내야 했던 청년 시절이 엊그제 같은데, 벌써 장년의 나이가 된 걸 보면 정말 세월이 빠르기는 빠른가 보다. 언제까지나 아버지와 어머니를 부르며 사는 줄 알고 살아왔건만, 어느덧 두 아이의 아버지가 되었고 이제는 부모님을 부를 수는 있어도 볼 수는 없다.

이 글은 대부분 내가 학생 시절, 군대 시절, 미혼 시절, 결혼 시절에 겪었던 사건들을 콩트 형식으로 팩션(faction)화 한 글이다. 다만 이별 시절의 '어머니' 내용은 지금까지 살아온 인생길에서 가장 큰 아픔이자 고통이었다.

어쩌면 '어머니' 내용을 이 책에 싣는 것 자체가 어머니의 고귀함에 누가 된다고 생각되었으나, 우리 모두는 이 세상에 태어나는 순간부터 부모님에게 불효일 수밖에 없으며 부모님 생존시 잘해야 한다는 의미로 실었다.

끝으로, 요즘처럼 TV든 라디오 방송이든 청소년 중심의 말초적 오락문화의 폭주 속에 가벼이 읽을거리 하나 없는 이 땅의 보통 남성들에게 작은 웃음과 아픔을 함께 나누고자 이 글을 바친다.

더불어 현재의 출판 여건이 유명작가를 제외하고는 고구려의 광개토대왕 이후 최악이라는 주위의 만류에도 불구하고 고집스레 출판을 결심한 나에게 기꺼이 출판비를 투자한 아내에게 고마움을 전한다.

변홍수 드림

목 차

학생 시절

군대 시절

미혼 시절

결혼 시절

이별 시절

학생 시절

피 봐

강원도 산골의 동점초등학교 1학년 때이다. 당시는 경제가 매우 어려울 때라 학교에서는 두 달에 한 번 정도 학생들에게 미국에서 원조한 옥수수가루를 나누어 주었다.

반 애들 중엔 영하의 추운 겨울임에도 검정고무신에 내복도 입지 않고 등교하는 학생이 있었다. 점심도 못 가지고 오는 애들도 있었지만, 그나마 가지고 오는 학생도 노란 양은그릇에 누런 좁쌀밥과 반찬이라야 한쪽 귀퉁이에 고추장이나 김치 몇 조각이다. 책가방도 요새처럼 맵시 좋은 가방이 아니라 보자기에다 책과 공책, 도시락 통을 둘둘 말아서 다니던 시절이다. 친구들이랑 달리기를 하면 도시락 통에서 울리는 쇠젓가락의 소리가 무척이나 재미있게 들렸다.

겨울철의 유일한 오락은 썰매질이다. 한번은 얼음이 꺼지는 바람에 깨진 얼음조각 사이로 목만 내놓고 허우적거리고 있으려니까 지나가는 아저씨가 건져 주고는 빨리 집에 가란다. 하지만 옷이 젖은 채로 집에 가면 혼날까봐 처마 밑에서 몇 시간이나 떨며 옷을 말린 적도 있다.

또 여름에는 친구들과 강가에서 헤엄치거나 물고기를 잡고, 은가루를 뿌려놓은 듯한 밤에는 꽁무니에 하얀 불빛을 발하며 날아다니는 반딧불을 잡았다.

어느 날인가 교실에서 옆 짝이 앞 친구랑 언쟁을 벌이는 것을 말리다 쌈에 끼어들었는데 이게 불운이었다. 앞 친구랑 붙잡고 밀다가 내가 먼저 친구의 한쪽 다리를 들어 올려서 승기를 잡은 것까지는 좋았는데, 이 친구가 넘어지면서 책상모서리에 머리가 부딪히는 대형사고가 발생했다.

깨진 머리에서 피가 흐르자 이 친구가 "피 봐! 피 봐!" 하며 번개처럼 따귀를 올린다. 따귀 맞은 얼굴이 무지하게 얼얼했지만 무엇보다 친구의 머리통에서 내려오는 새빨간 피가 턱까지 흐르니 어린 마음에 오금이 저린다.

잠시 후 선생님이 헐레벌떡 뛰어오시더니 아까 친구에게 맞은 뺨을 또 "찰-싹!" 후려친다. 그리고는 어디서 구했는지 흰 헝겊으로 친구의 머리를 돌돌 싸매니 꼭 허연 모자를 쓴 것 같다.

선생님이 "너, 얘네 집에 가서 빌어라!"라는 말씀에 조퇴를 하고는 친구의 보자기 가방을 들고 따라가는데 아주 지옥길이다. 게다가 친구가, "우리 아빠, 무지하게 무서워"라며 겁을 잔뜩 주는 바람에 덜덜 떨면서 따라갔다.

산 밑의 돌담 벽에 판자가 얼키설키 붙은 판잣집 문 앞에 도달하자 친구가 내 등을 밀며 다정하게 말한다.

"그냥 집에 가. 내가 달리다가 넘어졌다고 할게…."

친구 말이 어찌나 고마운지 눈물이 핑 돈다.

무아지경

강원도 태백시 철암리 초등학교 3학년 1학기 때이다. 방과 후 종례시간에 선생님이 지난번 본 중간시험에서 우리 반 성적이 3학년 반 중에 꼴찌라고 말씀하신다. 이어서 선생님은 고뇌에 찬 모습으로 뭔가 중대 결정을 하시려는 듯 천장을 뚫어지게 응시하고는 낮은 톤으로 말씀하신다.

"꼴찌에 대한 책임으로 너희들을 잘못 가르친 선생님을 때려요."

인생살이엔 잘 될 때가 있고 안 될 때가 있다. 시험도 잘 볼 때도 있고 못 볼 때가 있는데, 선생님은 굳이 성적 꼴지에 대한 책임으로 손수 맞으시겠단다. 그리고 언제 준비했는지 하얀 야구방망이를 불쑥 내민다.

"빨리 아무 학생이 나와서 선생님을 때려요!"

일순간 교실 안의 분위기가 어찌나 긴장감이 흐르는지 가슴이 두근거린다. 선생님께서 몇 번 더 나오라는 말씀이 있었지만 아무도 나서는 학생이 없자, 선생님이 반 전체를 매섭게 훑는 순간 내 눈하고 마주치자 나를 지목하신다. 반장도 분단장도 줄반장도 아니었는데 선생님이 왜 나를 지목했는지 알 수가 없다.

빨리 나오라는 부름을 몇 번 더 받고서야 바지에 똥 싼 놈처럼 어기적거리며 선생님 앞에 섰다. 하지만 난 절대 못 때린다는 몸짓으로 머리를 푹 숙였다.

그러자 선생님은 내 손에 억지로 야구방망이를 쥐어주고는 돌아서서 바지를 걷어 올린다. 야구방망이를 쥐고 있으려니 숨은 가빠지고 온몸이 덜덜 떨린다. 꺼먼 털이 몇 가닥 붙어 있는 선생님의 희멀건 종아리를 감상하는데 선생님께서 소리치신다.

"빨리 때려!"

'주여! 어찌하여 이 몸을 시험하시나이까?'

요새는 자기 애가 좀 맞았다고 경찰서에 고발하고도 부족하여 선생님을 찾아가서 욕설과 주먹을 휘두르지만, 그때는 선생님에게 많이 맞아야 인간이 된다고 하여 어떤 부모는 몽둥이를 만들어서 선생님에게 갖다 바치던 시절이었다.

그런 시절이니 학생이 선생님을 때린다는 건 하늘이 두 쪽이 아니라 백 쪽이 난다 해도 상상할 수가 없다.

까칠까칠한 야구방망이의 나뭇결을 느끼며 우두커니 서 있으려니 선생님께서 재촉하신다.

"너, 빨리 안 때려?"

'에쿠! 깜짝이야.'

재촉하시는 선생님의 협박에 굴복해서 야구방망이를 들었다. 처음 한 대는 요새 힘 있는 자들을 솜방망이로 처벌하듯이 슬로모션으로 선생님 종아리에 살짝 "톡!" 댔다.

그리고는 선생님께 대역죄라도 지은 양 와들와들 떨고 있는데 선생님이 바지를 바싹 더 올리고는 나를 아주 잡아먹을 듯한 험악한 얼굴로,

"야! 너, 더 세게 안 칠래?"

나는 겁에 질려서 두 번째 방망이는 아까보다 조금 세게 "탁!" 쳤다. 같은 종족인 사람을 때려도 이렇게도 괴로운데, 동족상잔인 6·25사변이 왜 일어났는지 이해가 안 간다.

난 선생님을 때리면서 차라리 내가 맞았으면 하고 얼마나 원했는지 모른다. 이쯤 해서 끝났으면 하는데 선생님께서 두 대로는 성이 안 차는지 큰소리로 또 소리치신다.

"더 세게 때려!"

나는 고함소리에 놀라 3번째는 제대로 된 안타를 날렸다. "철썩!" 소리와 함께 움찔하시는 선생님의 몸짓이 너무나 안쓰럽다.

'당연히 아프시겠지. 선생님 몸도 물이 70%인디, 아프지 않으면 이상한 거다.'

좀 약은 놈 같았으면 이쯤해서 죽어가는 목소리로 울먹이며, '선생님, 잘못했어요. 앞으로 우리 반이 1등 하도록 우리 모두 공부 열심히 할게요' 하고는 야구방망이를 팽개치는 멋진 연극을 했어야 하는데….

고지식하기만 한 내가 멍청하게 야구방망이를 계속 잡고 있었으니, 나라는 놈은 절에 가서도 새우젓은커녕 국물도 얻어먹기 힘든 놈이다.

이젠 선생님의 때리란 말씀이 없어도 연속 안타를 다섯 개쯤 칠 때쯤 해서는 나는 물론이고 우리 반 남학생과 여학생들이 코맹맹이 소리로 "선~생~님~잉!" 울부짖으며 대합창을 하고 있다.

급우들의 "엉~엉" 울음소리와 선생님 종아리에서의 "철-썩" 소리가 어우러져 나도 모르는 사이에 무아지경으로 빠져들고 있다. 야, 무아지경이 이렇게도 좋은 줄 몰랐다.

그 당시는 무아지경에 대해 몰랐는데 요새 『한국인에게 문화는 있는가』(최준식 저)를 읽고서 이해가 간다.

한국인은 무교(巫敎)적 민족으로 무아지경을 본능적으로 원하고 있다는 것이 저자의 주장이다. 즉 세계에서 우리 민족처럼 노래를 신명나게 부르고 온몸으로 춤추는 민족이 없는데 그게 다 무아지경으로 가기 위함이라고 한다.

예를 들면, 술 먹을 때도 어제 무슨 지랄을 했는지 모를 정도로 퍼마셔야 먹은 것 같고, 관광버스에서도 그 좁은 통로에서 어지러울 정도로 쿵! 쿵! 뛰는 것이 다 무아지경으로 가기 위한 것이라고 했다.

또 전 세계에서 한국의 방송과 TV처럼 오락프로그램이 많은 나라가 없고, 한 집 건너 널려있는 노래방에서도 마이크를 먼저 잡은 사람이 빼앗길 때까지 놓지 않으려는 것도 다 무아지경을 가기 위해서라고 설명한다.

내가 무아지경을 일부러 얻기 위해서는 아니었지만 결과적으로 신들린 듯 야구방망이를 휘두르고 있다. 이젠 안타가 아니라 홈런을 2개 쳐올리는 순간, "악!" 소리를 지르며 선생님께서 앞으로 나동그라진다.

교실 바닥에 쓰러져서 고통스러워하는 선생님을 보자 난 겁에 질려 야구방망이를 뒤로 던지고는 울면서,

"선생님, 지가 잘못했어요."

이러니 출세는 항상 남보다 늦고, 그나마 가지고 있던 밥도 빼앗기며 사는 내 모습에 집사람도 걱정이 되는 모양이다.

명절날만 되면 집사람이 걱정스레 묻는다.

"윗사람에게 선물이라도 해야 되지 않을까요?"

"응, 윗사람이 그런 거 하지 말래."

"엽전은 그저 기름칠을 해야 하는데 당신은 어찌 그리도 꽉 막혔어요?"라고 핀잔을 준다.

결과적으로 보면 집사람 말이 맞았다. 전 직장에 있을 때 손바닥에 기름칠만 조금 처발랐어도, 이 더운 날 연구원의 시원한 방에서 글자나 몇 개 파면서 60세까지는 월급을 확실하게 타 먹을 수가 있을 텐데….

에이! 과거는 흘러갔고, 그 사건 후 우리 선생님이 어떻게 됐는지 궁금하죠? 다음 날 선생님께서 당연히 결근하셨고, 두 번째 출근한 날에는 ET처럼 걸으면서 한쪽 다리를 유독 더 절룩거리셨다.

어린 마음에 절룩거리며 교정을 걸어 다니시는 선생님의 뒷모습을 볼 때마다 난 폭력을 얼마나 미워했는지 모른다. 아마도 생각하건대 선생님이 나를 많이 걱정했을 것이다.

'저렇게도 눈치 없는 놈! 사회에 나가서 밥이나 먹고 살 수 있을는지….'

할아버지, 고맙습니다

중학교 2학년 때 동네 친구들이랑 인천시 동구 만석동 판유리 앞바다에서 헤엄치며 놀았다.

일두란 친구가,

"야, 우리 저기 떠있는 배에 갔다 올래?"

거리를 보니 내 헤엄 실력으로는 조금 먼 거리이다.

하지만 배에 고정되어 있는 앵커가 있어서 그걸 잡고 쉬면 되돌아올 수는 있어 보였다. 그리고 무엇보다 친구에게 겁쟁이로 보이기 싫어서 가자고 맞장구쳤다.

우리는 배를 향하여 용감하게 헤엄을 쳐 나갔다. 친구가 먼저 앞서 나갔지만 얼마 후 친구는 뒤에서 따라오다 되돌아간다. 배에 거의 와서 보니 썰물이 워낙 세서 배를 잡을 수가 없었다. 잠시 후 배는 안 보이고 내가 바다 가운데로 떠내려가고 있다. 육지를 보니 콩알만 한 사람들이 나를 보고 있었지만 그것도 출렁이는 바닷물이 눈앞을 가려 볼 수가 없다.

이제는 썰물의 급류 속에 팔이 아파서 발놀림으로 겨우 떠 있을 정도다. 마침 큰 고깃배가 통통거리며 지나가기에 "살려주세요!" 외치며 손을 흔들었지만 어부 몇 사람이 물끄러미 보고는 그냥 지나간다. 또 다른 고깃배가 바로 앞에서 물살을 헤치며 지나가기에 손을 열심히 흔들었으나 결과는 앞의 배와 같았다. 세상의 어른들이 그때처럼 미운 적이 없었다.

이제는 육지는 안 보이고 바닷물이 눈과 코 사이에서 출렁거리고 발이 마비됐는지 감각이 없다. 헉헉대며 벌어지는 입 안으로 밀려오는 짠물을 삼켰더니 목이 벌에 쏘인 듯 통증과 함께 힘이 쭉 빠진다. 바닷물이 무지하게 많구나를 느꼈고 죽음이 눈앞에 왔음을 알게 되자 울음이 터졌다.

정신이 몽롱해지는데 갑자기 몸이 하늘로 올라간다. 눈을 떠보니 얼굴이 벌겋고 머리가 하얀 할아버지가 근심어린 눈으로 쳐다보고 있다. 의식이 완전히 돌아오자 난 할아버지를 붙들고 엉엉 울었다. 내가 썰물에 떠내려가자 할아버지가 발견하고 전마선(傳馬船)을 저으면서 따라온 것이다.

"이제 괜찮다. 고만 울거라."

지금까지 할아버지에게 미안한 건, 고맙다는 인사도 안 하고 배에서 뛰어내린 거다.

지금쯤 그 고마운 할아버지는 하늘나라에서 계시겠지.

"할아버지, 늦게나마 인사합니다. 그때 저를 살려주셔서 감사합니다."

도둑님 패물

충청북도 충주시 삼원초등학교를 다니다 인천에 이사온 건 1960년대 중반인 5학년 말이었다. 우리가 이사한 곳이 지금은 재개발이 되어서 훤해졌지만 당시는 인천에서도 유명한 달동네 만석동이었다.

이 동네 사람들의 주 일터는 만석동항에서의 하역일이 대부분이고, 동네 아줌마나 처녀들은 대성목재에서 근로자로 일했다. 내 누님도 고등학교를 졸업하자마자 대성목재에 취직시켜 달라고 했다. 마침 내 친구의 아버지가 대성목재 경비대장이라 그 빽으로 취직을 하긴 했는데 일주일도 못 되어 그만두었다. 누님이 하는 일이 톱날로 가른 목재를 운반하는 일인데 여자가 하기엔 중노동이었다.

동네에서 가장 활극 넘치는 사건은 만석동항의 배에서 하역된 고철 또는 밀가마니를 잔뜩 실은 화물트럭이 동네 도로를 질주하는 날이다. 이런 날은 동네 형들이 차에 올라가 화물함에 앉아있는 조수와 주먹다짐을 하며 밀가마니에 호수를 밀어 넣고는 밀을 빼거나 고철더미를 도로에 떨어뜨리곤 했다. 처음 볼 때는 남의 물건을 훔치는 게 이상했지만 자주 보니 도둑질도 하나의 생활상이 되었다.

또 동네 꼬마인 우리들은 아저씨가 리어카에다 바우지(게의 일종)를 가득 싣고 "게 사려!" 하고 지나갈 때는 졸졸 따라다니다가 아저씨 눈을 피해 한두 마리를 훔쳐 달아나곤 했다.

또 아주 운 좋은 날엔 옆집의 고철이나 고무신을 슬쩍 집어다가 엿을 사먹곤 했는데, 이러한 동네 분위기를 아버지는 아주 못마땅해 하셨다. 그래서 친구들과 놀다 밤늦게 집에 오면 "너, 왜 나쁜 놈들과 어울려 다니냐?"라고 꾸중하시며 매를 들었다.

그 당시 우리 집은 작은 구멍가게를 했는데 아침마다 학교에 같이 가는 한 친구가 있었다. 이 친구는 유난히 일찍 와서 내가 밥 먹고 세수하고 옷 입을 때까지 가게 쪽마루에서 기다리곤 했다. 어머니는 학교에 같이 가기 위하여 기다리는 친구를 보고 기특하다며 가게의 알사탕 몇 알을 집어주곤 했다.

하루는 어머니가 그 친구를 조용히 불러서 말씀하셨다.

"얘야, 너 내일부터 오지 말아라."

내막을 알아보니 이 친구도 처음에는 나하고 학교에 같이 가려고 가게에서 기다렸지만, 견물생심이라고 돈통이 옆에 있으니 어느 날인가 손을 댔다.

어쨌거나 아버지는 이런저런 이유로 이 동네를 뜨려고 결심했다. 나도 길갓집이라 차가 달리면서 날리는 꺼먹먼지가 방바닥에 뽀얗게 쌓이는 게 싫어서 이사가자고 졸랐다. 우리는 내가 고등학교 1학년일 때 인천에서 주거지로서는 최상급인 홍예문 근처에 땅을 사서 집을 직접 지었다.

지금 생각하면 땅을 칠 일이다. 그때 그 돈을 가지고 부평이나 주안쯤에다 배추밭을 왕창 사놨으면, 지금쯤 인천의 7공자엔 충분히 들고도 남았을 텐데…. 왜냐하면 그 당시의 주안은 복숭아밭이었고, 부평역 앞 광장도 비가 오면 장화 없이는 걸을 수가 없었다. 역사에 가정이 없다고 지금 와서 땅을 치면 뭘 하고, 부모님을 원망하면 무엇하랴?

내가 동구 만석동에서 중구 내동으로 이사간 건 집이 거의 완성된 고등학교 2학년 초다. 내가 봐도 큰 집이었는데 길가에서 보면 1층이지만 밑으로도 한 층이 있어서 실제로는 2층이었다. 부모님은 부족한 돈을 보충하기 위하여 사채를 갖다

쓰고도 부족하여 2층은 통째로 세를 주었다. 그러고도 우리가 쓰는 1층 방 2개에서 하나를 신혼부부에게 세를 주고 나니 난 다락방에서 자야 했다.

어느 초겨울날 밤 우리 집 옥상으로 도둑이 올라가는 걸 앞집에서 우연히 발견하고는 경찰에 신고했다. 집이 길가에 붙어있는 데다 나도 밤늦게 들어오게 되면 문을 열어 달래기가 뭐해서 담치기 할 정도였으니, 도둑들은 식은 죽 먹기였나보다.

아버지는 물론이고 위층 아저씨, 순경 1명과 방범대원 2명이 집을 포위하다시피 하고 도둑을 찾았다. 사람들이 "저기 있다!", "여기 있다!"며 옥상에 올라간 도둑을 찾았지만 정작 도둑은 어디 숨었는지 오리무중이었다.

아무리 찾아도 안 보이던 도둑이 옥상에서 뛰어내리며 달아나는데 얼마나 빠른지 한 마리의 날쌘 제비 같았다. 검정 옷을 입은 도둑은 골목길로 달리는데 여유가 있는지 뒤를 흘끗 보고는 잡아보란 듯 손짓마저 하고는 사라진다.

그 후로도 크고 작은 도둑들이 들락거렸는데, 솔직히 도둑들에겐 좀 미안했다. 아까도 얘기했지만 우리 집은 무리하게 집을 짓느라고 사채를 끌어 쓰고는 갚지 못해서 하루가 멀다 하고 찾아오는 빚쟁이가 가구나 쌀 등 돈 되는 건 다 가져갔다.

그나마 이젠 달랑 남은 집마저 파는 바람에 조만간 앞동네로 이사갈 예정이었다. 그러니 집 안에 훔쳐갈 물건도 없을 텐데, 도둑은 뭔가 있는 줄 알고 사또가 마을 순시하듯이 꾸역꾸역 방문한다. 그렇다고 대문에다 "도둑에게 고함. 우리 집에 훔쳐 갈 물건 없음"이라고 써 붙일 수도 없고 답답하다.

하루는 오밤중에 찬바람이 들어오기에 눈을 떠보니 창문이 열려 있다. 어제 창문을 닫고 잤는데 누가 열었나? 창문을 닫으려고 일어나려는데 긴 대나무가 스르르 들어온다. 대나무 끝에는 낚싯바늘처럼 생긴 갈고리가 달려 있었는데 벽에 걸려 있는 내 동복 교복을 들어올린다.

도둑이 확실한데 오금이 저려 "도둑이야!" 소리가 입 안에서만 뱅뱅 돈다. 그 교복이 창문 쪽으로 다 빠져나갈 때쯤 럭비선수가 상대방 공을 낚아채듯 갈고리 끝에 걸려있는 옷을 잡아챘다. 그랬더니 더 놀란 건 도둑이다.

이 도둑이 얼마나 놀랐는지 "윽!" 외마디를 지르고는 대나무 갈고리도 팽개친 채 도망갔다.

소동을 듣고 오신 어머니 하시는 말씀,

"아니, 네 교복을 훔쳐서 어디다 쓴다냐?"

지금 생각건대 방이 어두우니 교복이 양복인 줄 알고 훔치려고 하지 않았겠나 추측된다.

이 사건이 잊혀지기도 전에 자고 있는데 플래시 불이 방을 비추고 있다. 첨에는 달빛인가 생각했는데, "어렵쇼!" 이 달빛이 여기 왔다 저기 갔다 한다.

이크! 도둑께서 또 오셨네 그려.

"도둑이야!"

외쳤더니 도둑은 도망도 안 가고 내 얼굴에 플래시를 한동안 비추더니만 사라졌다. 남의 얼굴을 쳐다보고만 가다니 별 싱거운 도둑놈도 다 있다.

그건 그렇고 그 후로는 한동안 도둑들이 휴가 갔는가 싶더니만 이번에는 우리 집과 붙어 있는 옆집을 털었다. 우리 옆집은 인천 하인천부두에서 멍터구리배로 운반 작업을 하는 30대 중반의 아저씨 집인데 웬만한 가전제품은 다 들여놓고 살았다.

옆집 아저씨의 "도둑이야!" 소리를 제일 먼저 들은 건 아버지였다. "옆집에 도둑이 들었단다!"라고 외치며 뛰쳐나가는 아버지를 따라 나도 그 집으로 달려갔다. 그 집 거실에 들어서니 눈 뜨고는 못 볼 정도로 모든 것이 개판이었다.

6·25사변 때 북한을 폭격한 미군의 한 대변인이 외신기자들에게, "이제 북한은 신석기시대로 돌아갔다"는 발표를 한 적이 있다. 얼마나 폭격을 해서 때려 부셨으면 그런 발표를 했겠냐마는 여기 이 아저씨네 집도 신석기시대로 돌아간 거와 다

릅없다. 가전제품은 싹쓸이해서 훔쳐간 것까지는 도둑네의 할 일이니 이해할 수 있다. 근데 왜 죄 없는 화분의 꽃은 다 잘라 버리고, 소파도 전부 칼질을 해서 걸레로 만들었을까?

그러고도 집주인이 자는 안방의 귀금속이 있는 곳을 용케 찾아서 다 가져갔다는데 어안이 벙벙하다. 평소에 그 집 아주머니의 목과 손에서 누런빛으로 번쩍거리던 금목걸이, 금팔찌를 보면 도둑은 대목을 단단히 잡은 거다.

나는 혹여 남아 있는 딴 도둑놈은 없나 하고 집 안의 구석진 곳을 탐색했다. 설마 도둑이 지금까지 도망 안 가고 있으랴마는 그래도 남들 눈에는 "저놈, 그래도 남자라고 용기 있게 행동하는구나"를 조금 보이고 싶었다. 또 그렇게 행동할 수 있는 것도 우리 집을 지을 때 옆집도 같은 구조로 지었기 때문에 도둑이 숨을 만한 곳을 잘 알 수 있기 때문이다.

명수사관 콜롬보 형사처럼 조심조심 구석진 마당에 도달했을 때 땅바닥에서 조그맣고 거무스레한 뭉치를 발견했다. 안 그래도 혹여 남아 있는 도둑놈이라도 맞닥뜨리면 어쩌나 하고 잔뜩 긴장했는데 물건만 보이니 안심이었다.

다가가서 살펴보니 한 뼘만 한 꺼먼 헝겊뭉치였다. 그 헝겊뭉치를 보니 생각이 복잡해지면서 도둑님이 귀금속만 넣어가지고 다니시는 패물주머니라는 결론을 내렸다.

'아니, 이 도둑님 보게나. 얼마나 다급했음 이걸 떨어뜨리고 가신 거야. 지금쯤 그 도둑님께서 이 패물주머니를 떨어뜨린 걸 알고 얼마나 맘이 아프실까?'

가만, 지금 내가 누구를 동정하는 거야. 주머니 속의 금반지, 금목걸이, 다이아몬드, 귀걸이 등 황금빛이 번쩍번쩍 나는 패물이 생각나자 갑자기 흥분이 밀려왔다. 또 한편으론 패물주머니를 찾은 나를 보고 대견스러워 하시는 아버지와 아저씨의 기뻐하는 모습, 그리고 아저씨께서 흔쾌히 시퍼런 돈 몇 장을 꺼내는 모습이 어른거린다.

이러고 있을 때가 아니지! 패물주머니를 아저씨에게 빨리 갖다 드려야 한다는 다급함에 패물주머니를 움켜잡았다. 근데 이상 터라고…. 귀금속이면 딱딱해야 되는데 왜 물컹하냐고?

손을 뺐는데 야릇한 응가 냄새가 코끝을 스친다.

"윽! 똥 아녀?"

초겨울 날씨라 좀 굳어 있었지만 손가락 사이에서 끈적거리는 누런 반죽은 분명 사람 똥이었다.

"에이, 써X. 요새 사람 똥은 똥개도 안 먹는다는데."

욕이 절로 나온다.

나중에 왜 그 똥이 거기 있었는지는 아저씨의 설명을 듣고서야 알았다.

1960년대의 도둑들은 물건을 훔치면 집 안을 엉망으로 만들고 똥을 싸두면 절대로 잡히지 않는다는 속설을 가지고 있었다. 그것도 모르고 순진한 고등학생인 내가 당한 거다.

손가락 사이로 삐죽이 붙은 그 도둑놈 똥! 어찌나 독한지 비누로 세 번이나 씻었는데도 구린내가 가시지 않았다.

"야, 이 도둑놈아! 내 돈 내놔."

치 질

휴일날 집에서 TV를 보고 있는데 초등학생 3학년생인 작은아들이 눈빛에 부러움을 가득 담고서 죽어가는 목소리로 말한다.

"아빠는 좋겠다. 숙제도 없고, 시험도 없고, 주머니에 돈도 많고…."

자기는 내일 시험인데 시험 보기 싫다며 아주 울상이다.

"아빠! 대통령이 시험 보지 말래면 안 볼 수 있는 거죠?"

오죽 시험이 싫으면 대통령까지 들먹일까? 나도 중·고등학교 땐 빨리 어른이 되어 시험도 안 보고 머리도 기르고 신나게 놀았으면 했었다. 고민은 상대적이라 아들의 고민이나 내 고민이나 각자의 삶에 있어 비중은 똑같을 것이다.

오죽하면 연례행사처럼 수능시험을 잘못 봤다고 아파트 옥상으로, 강으로 투신자살하는 학생을 보면 우리나라 교육이 지금 어디로 가고 있는지 안타깝다. 각 학생마다 잘하는 적성을 조기에 발굴하고 그 적성으로 살아가면 되는데, 지금 이 시간에도 성적고민으로 자살하는 학생이 증가함에도 미래는 글로벌사회니, 다양화사회니, 일등기술주의니 구호만 요란하다.

그건 그렇고 내 인생에 있어 가장 큰 고민은 치질과의 기나긴 투쟁이다.

고등학교 2학년 때의 어느 날이었다. 친구랑 자유공원에 놀러갔는데 엉덩이에서 아픔이 오더니 걷기가 힘들었다. 나는 그때까지 그게 치질인 줄 몰랐다. 그저 지나가는 감기처럼 시간이 지나면 자연발생적으로 나으려니 하고 기다렸지만 오늘은 아주 도져서 피가 흐른다.

잠시 치질의 원인을 보면 대개 변비가 있는 사람들이 잘 걸리지만 한편으로 우리의 전통 재래식 변소도 한몫한 게 틀림없다. 왜냐하면 양변기는 앉아서 일을 보니 항문에 힘이 덜 들어가는데 비해, 재래식 변기는 앉아서 하니 상대적으로 항문의 핏줄에 힘이 더 들어가기 때문이다.

잠시 얘기가 딴 길로 갔지만 치질에 대해 많은 사람들이 별거 아닌 병으로 생각하지만 알고 보면 무서운 병이다. 독자는, "에이, 그게 무슨 병이야? 암도 있는데…"라고 말할지도 모른다.

물론 암에 비하면야 병 축에도 못 끼지만 사람에 따라서는 인생길을 좌지우지하는 병이다. 가깝게는 내 친구인 훈이는 고등학교 1학년 때 치질이 걸렸는데, 이거 고친다고 온갖 민간요법을 동원했다.

수은을 넣은 요강에 앉아서 김을 쏘이면 낫는다고 해서 밤마다 요강에 걸터앉았다. 또 충남 온양에 치질을 잘 고친다는 유명한 할아버지를 찾아가서 대나무로 똥침을 맞는 바람에 엉금엉금 기어서 올라온 적이 있다. 누가 물에다 담배를 풀어 펄펄 끓인 물에 엉덩이를 담그면 낫는다기에 풍덩했다가 2도 화상을 입어 학교를 일주일이나 빠졌다. 이렇게 한창 공부할 나이에 치질 고친다고 고생 고생하더니 결국에는 대학을 포기했다.

또 불란서의 유명한 장군이자 황제인 나폴레옹도 워털루전쟁터에서 영국군과의 마지막 일전을 앞두고 작전을 짰다. 그러나 나폴레옹은 치질로 인한 치통 때문에 작전회의를 예정보다 일찍 끝내는 바람에 대패한 거라고 어느 사가(史家)가 쓴 걸 본 적이 있다. 이렇게 보면 치질은 한 사람의 인생뿐만 아니라 세계사를 바꾸어 놓을 정도로 대단한 병이다.

나 역시 한창 공부할 고등학생 때 요놈의 치질 때문에 고민이 많았다. 고등학교 졸업 후엔 홍예문 근처의 전셋집에 살았는데, 변소가 하나인 데다 재래식 변소라 주인집 눈치를 아니 볼 수가 없다. 일 보는 게 어디 정해진 시간에 보는 게 아니라서 어떤 날은 금방 일 보고 나오는데, 다음 차례로 주인집 아줌마가 들어갈 땐 여간 쑥스러운 게 아니다.

생각을 해보라고, 밑바닥에 피가 즐비한데 그 아줌마가 일을 제대로 보겠느냐고? 하루 이틀도 아니고 아줌마 보기가 미안해서 공동변소가 그리웠다.

그 해의 더운 여름날, 아버지 친구 분이 하인천 부두에 일거리가 있다기에 달려갔다. 무슨 일인가 보니 엔진 없는 멍텅구리배의 쌀가마니를 육지로 옮기기 전까지 경비를 서는 일이었다. 그 당시는 쌀이 부족하여 외국에서 쌀을 수입했다.

전마선을 타고 쌀배에 올라갔더니 아침 바닷바람에 시원하더니 햇볕이 쨍쨍 내리쪼이는 오후부터 온몸이 용광로다.

그 멍텅구리배엔 배를 책임지고 있는 내 또래의 남자 1명이 있는데 어떻게 보면 내 임무란 게 그 녀석을 감시하는 거

였다. 왜냐하면 이 녀석과 외부 사람이 작당을 해서 쌀가마니를 빼돌린다고 아저씨가 귀띔을 했으니 말이다.

저녁이 되자 이 친구가 슬금슬금 오더니 품속에서 이발용 면도칼을 뺀다. 일순간 긴장하지 않을 수 없다.

이제 곧, "야, 쌀 좀 뺄 테니 너 가만 있어. 죽고 싶지 않음"이라고 할 텐데. 뛰어봐야 벼룩이라고 이 좁은 배에서 어디로 가야 하나.

이 친구 뭉툭한 노란 덧니를 보이며 빙그레 웃더니,

"저녁밥 좀 하게 쌀 좀 뺍시다!"

쌀 마대를 면도칼로 약간 째고는 반 되 정도의 쌀을 가져갔다. 휴! 10년 감수했다며 가슴을 쓰다듬고 있으려니 얼마 후 그 녀석이 또 오더니 힘차게 외친다.

"밥 먹읍시다!"

그 친구 보기보담 의리 있다며 배 밑창으로 내려갔더니 밥은 쌀배라고 많이 해놨는데 반찬이 달랑 오이지 하나뿐이다. 그것도 너무 오래되어서 누렇다 못해 시꺼멓고 냄새마저 고약하다. 밥이야 수입쌀이지만 먹을 만한데 구렁내 나는 오이지 하나로 밥을 먹자니 아주 고역이다. 밥 한 그릇을 꾸역꾸역 우겨 먹고 나서 고맙다는 인사를 하고 갑판으로 나와서 아침까지 뜬눈으로 경비를 섰다.

집에 오자마자 그동안 참았던 변을 보려고 변소에 들어갔지만 30분이 넘어도 변이 안 나온다. 아마도 더운 여름날 하루 종일 뜨거운 땡볕을 쏘였더니 변에 악영향을 미쳤나보다.

변은 마려운데 돌같이 굳어서 항문에 딱 걸려 안 나올 때의 그 고통은 당해보지 않은 사람은 모른다. 어찌나 아픈지 예수님이 십자가에서 못 박혀 돌아가실 때, "하나님! 왜 저에게 이런 고통을 주시나이까?"라고 했다는 말씀이 생각난다.

변소에 주저앉은 지 벌써 1시간이 된 것 같고 무릎은 아프다 못해 마비 현상까지 온다. 남동생을 불러서,

"야! 너 빨랑 약국 가서 설사약 좀 사온나."

동생은 돈을 받아가서는 얼마 후 약을 지어왔다.

"형, 이거 식후 3회 먹으래."

"야! 지금 3회가 문제냐. 당장 나와야 하는디."

약을 받자마자 3봉을 입에 다 털어 넣었다. 이제 좀 있음 돌같이 굳은 변이 설사처럼 좍좍 나오겠지 하며 기다리는데 아무리 기다려도 나오려는 기별이 없다. 투입이 있음 당연히 산출이 있는 게 자연의 법칙인데, 투입만 있고 산출이 없다면 이건 제3의 법칙이란 말인가?

정말 할 수만 있다면 숟갈을 항문 속에 넣어서 삽 푸듯이 푸고 싶은 심정이었다. 넘 고통스러워 동생을 불렀다.

"임마! 약효가 없잖아. 너, 다시 가서 딴 약으로 바꿔 달라고 그래."

"형! 그거 먹으면 설사가 멎는데, 지금도 설사가 나와?"

이건 뭔 소리야! 설사가 멎다니. 그렇다면 내가 먹은 약은 설사를 멎게 하기 위해서 변을 굳게 하는 약이란 말이지. 우라질! 아주 나를 죽이는구나. 아니지, 설사하게 하는 약을 설사약이라고 말한 내가 잘못이다. 이래서 외국인이 한국어를 배우는데 아주 혼란스럽고 어렵다는 게 이해된다.

"아이고! 나 죽는다. 약이고 뭐고 빨리 택시나 불러."

그 사건 이후 치질이 엄청 악화되었다.

돌팔이 간호사

대학 친구이자 해병대까지 같이 갔다 온 친구는 대학 졸업 후 80년대의 중동 붐을 타고 사우디아라비아에 갔다. 그 친구는 하급 건축직 감독관으로 아파트공사장에 투입되었다.

이 친구도 치질기가 조금 있었는데 더운 열사의 나라에서 밤낮으로 과로하다 보니 치질기가 악화되었다. 아픔을 참다 못해 공사장 내 자대병원의 한국인 의사에게 궁둥이를 까서 보였더니 약한 치질이라며 처방서를 한 장 써주었다.

그때만 해도 중동은 한국 여간호사가 가기에는 어려웠는지 일반 남자 노무자가 간호사 역할을 대신하고 있었다. 이 친구가 남자 간호사에게 처방서를 보였더니 한 달 치 약을 비닐봉지에 싸주면서 말했다.

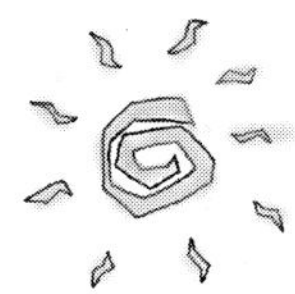

"치질약인데요, 아침저녁으로 식후 1개씩 먹으세요."

그날로 매일 식후 1개씩 먹었다는데 어쩌다 약 먹는 걸 잊어버릴 때도 있었지만 하루 2개씩 꾸준히 먹었다. 그렇게 먹어도 전혀 차도가 없어서 남자 간호사에게 지난번 처방대로 다시 달라고 해서 먹다 보니 근 3개월 정도 먹었다.

그날은 의사를 만나게 되었는데 담당의사가 물었다.

"아직도 치질이 아파요? 아주 심하면 수술해야 되는데 그럴 정도는 아니고….”

“의사 선생님, 치질 약을 근 3개월이나 먹었는데도 속만 쓰립니다요.”

“속이 아프다고요? 평소에 위장이 안 좋았습니까?”

“그게 아니고요. 치질 약을 먹고 나서부터는 속이 메스껍고 그러네요.”

“치질 약을 먹었다고요?”

“네, 하루 2개씩 3개월 정도 먹었더니 속이 영 메스껍네요.”

“그 약은 먹는 약이 아니라 항문에 집어넣는 좌약이요.”

“의사 선생님, 어쩐지 약이 총알처럼 생겼더라고요.”

돌팔이 남자 간호사가 항문에 넣는 좌약의 의사처방전을 확인하지 않고, 지레 먹는 약인 줄 알고 식후에 한 개씩 까먹으라고 했던 것이다.

친구는 진료실을 나오면서 똥구멍 약을 먹으라고 처방해 준 남자 간호사를 보자마자, “야! 니 덕분에 똥구멍 약 잘 먹었다”며 아구창을 날렸다.

술집에서 만난 친구 왈, “어쩐지, 그 약을 보니 M16소총 총알처럼 생겼더라고….”

진짜 거지

「주유소 습격사건」이란 영화를 봤다. 경찰 순찰차가 주유소에서 공짜로 기름을 집어넣고 가는 걸 본 주인공이 순찰차 바퀴 밑에 엎드려서 돈을 받아낸 장면이었다. 경찰청에서 대민 이미지가 좋지 않다는 이유로 삭제를 요구했다나?

또 어떤 시민은 순찰차가 주유소에 와서 기름을 넣고 그냥 갔다고 고발했더니, 경찰청에서 티켓으로 주유를 하는 것이기에 현금을 줄 필요가 없다는 해명기사를 본 적이 있다. 정말 순찰차가 주유소에서 돈 내고 기름을 넣는지는 당사자가 아니라서 모르겠지만, 현재의 국가재정상 그 정도 기름값은 충분히 지원할 것이라는 생각이 든다.

그러나 1970년대 초는 국가재정도 그렇고 경찰재정상 공짜주유를 충분히 예상할 수 있었다.

군입대 몇 개월 전이라 집에서 빈둥거리는데 친구가 야외 바람이나 쏘이러 가잔다. 친구 차가 매형네 회사 차라 찝찝했지만, 야외로 나가니 시원한 봄바람에 가슴이 확 트였다.

한참 기분 좋게 달리다 기름 계기판을 보니 빨간 침이 0에 붙어 있기에,

"기름이 없네. 임마, 기름이라도 충분히 넣고 나오지."

"아쭈, 그러는 니놈은 기름 값이나 있냐?"

마침 눈앞에 보이는 사거리 주유소에 갔는데 하필이면 경찰 순찰차가 먼저 와있다. 종업원이 순찰차에 주유를 하는 동안 순경 하나가 주유소 사장인 듯한 중년남자와 낄낄대며 담소를 나누고 있다.

나는 차에서 나와 심호흡을 하다 그 광경을 보고,

"에이 씨, 거지들이 먼저 왔구먼."

"뭐, 거지라고?"

뒤돌아보니 순경 하나가 우거지상으로 나를 노려본다. 솔직히 말해서 순경이 듣지 못할 거리라 우리끼리 한 얘기였는데, 생뚱맞게 뒤에서 순경이 나타나니 너무나 당황스러웠다.

다른 순경이 화장실에 볼일 보러 간 걸 모르고 우린 앞만 쳐다보고 입방아질을 하다 용코로 걸린 거다. 1970년대 초

만 해도 대한민국 순경은 무섭고도 어려운 존재였다.

멍한 기분으로 어정쩡 있으려니,

"가자고! 당신, 조사할 게 있어."

"순경 아저씨! 한 번만 봐주세요. 지가 일부러 그런 게 아니고요."

나 혼자 한 얘기라고 극구 해명했지만 봐줄 리가 없다. 나를 데려간 순경은 주유소에 있는 순경을 보고,

"김 순경, 이자가 우리 보고 거지래."

"거지라니, 무슨 말이여?"

"이놈이 우리가 공짜로 기름 넣는 걸 비꼰 거야."

그제서야 거지란 뜻을 알아차린 딴 순경은 인상도 험상궂지만 말도 얼굴처럼 거칠다.

"대한민국 순경을 거지라고? 이놈, 간첩 아녀?"

말 한마디 잘못해 간첩 혐의까지 뒤집어쓰고 순찰차에 오르는 기분은 정말 엿 같았다.

난 연신 순찰차 안에서 굽실거리며,

"순경 아저씨, 잘못했습니다. 한 번만 봐주세요."

아무리 싹싹 빌었지만 용서해 줄 분위기가 아니다. 허긴 대한민국 순경 보고 거지라고 입을 놀렸으니 쉽게 넘어갈 리가 없다.

"너, 별이 몇 개야?"

"별이라니요? 별은 구경도 못해 본 사람입니다."

"이런 놈은 국가 발전에 암적인 놈이여."

이제는 간첩 혐의자에다 국가 발전에 암적인 존재까지 되는 신세가 되었다.

서슬 퍼런 박 대통령 시대에 민중의 지팡이인 순경에게 말 한마디 잘못 뱉었다고 이럴 수가 있느냐고 한들 통하겠냐고? 여하튼 팔자에 없는 경찰백차를 무려 1시간이나 타고 다니며 몸수색을 철저히 당한 것은 물론이고 "북한 찬양자 아니냐? 사회혼란 선동가 아니냐? 국가전복 기도자 아니냐? 정신병원 전력은 없냐? 조루증으로 인한 콤플렉스냐? 군대는 방위로 갈 거냐? 애인은 있냐? 순경에게 사기 당한 적이 있냐?"는 등 온갖 취조를 받았다.

결국엔 단순한 말실수로 판단되었는지 험상궂은 순경 아저씨는 쓴웃음을 지으며 풀어 주었다.

순찰차에서 내리자마자 깍두기 인사하듯이 90도로 구부리고,

"용서해 주셔서 고맙습니다!"

에구, 이 방정맞은 주둥아. 앞으론 입조심 해!

반성하며 뛰어 가는데 뒤에서 들리는 소리에 피가 거꾸로 솟는다.

"저놈, 가진 돈이 달랑 10원짜리 동전 2개야."

"우 하! 하! 거지가 따로 있나? 바로 저놈이 진짜 거지지…."

지금까지의 순경 얘기는 웃자고 한 얘기고, 지금 이 시간에도 불철주야 치안을 위해 수고하시는 경찰관에게 감사하는 마음을 가집시다. 그러나 진짜 거지는 성경 말씀에도 있듯이 네

이웃을 조금도 사랑하지도, 관심도 없는 자가 진짜 거지이다.

전 세계 어느 나라도 우리나라처럼 국가나 공동사회를 도외시한 가족중심적인 핏줄사회는 없다고 한다. 그러고도 부족해 다시 족보를 중심으로 문중을 만들어 끼리끼리 도우며 사는 게 우리 사회이다. 외국인들은 한국인이 우리 가문이 신라시대에 무슨 벼슬을 했고, 고려시대엔 무슨 벼슬을 했으며, 조선시대엔 무슨 벼슬을 했다고 줄줄 외우는 걸 보고 매우 신기해 한다고 한다.

조선조를 봐도 마을과 사회의 공동체를 위해서 희생한 위인보다 장원급제해서 금의환향한 인간에게 더 큰 가치를 부여하고 있다. 더욱이 장원급제의 시험 과목을 보면 공자 아니면 논어이고, 연산군 때는 노래를 잘 불렀다고 관료가 되었으니 기가 막힐 일이다.

그러고 보니 지금 우리 사회에 불고 있는 고시열풍도 따지고 보면 먼 조선 때부터 시험 잘 본 사람만이 이 사회를 지배한다는 의식의 발로이다.

정말이지 기술인이 우대받고 존중받는 사회가 되어야 한다. 기술자가 수년 또는 수십 년간 한 분야에서 쌓아온 결과물이 비기술자의 말 한마디에 무너질 때 어느 누가 기술인이 되라고 권고할 수 있겠는가?

지난 주 고등학교 1학년생인 작은아들이,

"아빠, 공부 잘하는 애들이 다 인문계로 간데요."

"그러니? 너는 수학을 좋아하니 훌륭한 기술자가 될 수 있을 거야"라고 다독거렸지만 영 맘이 편치 않다.

석유 한 방울 나지 않는 자원빈국인 데다 5,000만 인구가 살고 있는 초고밀 인구국가인 나라가 살 수 있는 길은 오로지 세계최고의 과학기술 입국밖에 없다. 그런데도 사방천지가 비기술인들의 함성소리만 우렁차고 기술인들의 목소리는 들리지 않는다. 정말이지 우리 사회는 기술자가 존중되고 대우받는 사회가 되어야 한다.

예전에는 세계기능인 대회에서 금상 받은 자를 위해 국가에서 거국적으로 카퍼레이드까지 하더니만 지금은 그러한 대회가 있는지조차 모른다.

우리의 60년대라고 무시하던 중국이 인공위성 발사에 성공했다고 그 나라 전체가 축제 분위기라는 신문기사는 있어도, 우리 기술인들의 어려움에 대해서는 언제 꿀을 먹었는지 기사 한 줄 안 보인다. 이러다 이제는 일본 기술에 붙어먹고 사는 게 아니라 중국기술에 붙어먹고 살아야 되지 않을까 걱정이 된다.

어느 분이, "젊은이들이 인문계를 기피하면 국가의 기강이 바로 서지 못하고, 문화예술계를 기피하면 국가의 정서가 메마르지만, 이공계를 기피하면 국가의 존립이 위태로울 수 있다"고 하신 말씀이 새삼 생각난다.

뾰족구두

고등학교 졸업 후 대입 재수생인 1970년대 초에는 중구 내동의 홍예문 근처에 전세로 살았다. 당시는 다들 어려울 때라 집주인 여자는 방 2개 중 하나를 우리에게 전세를 주었다.

어느 늦은 밤, 안방에서 부부가 치열한 전쟁을 벌인다.

"야, 이거 못 놔?"

"그래, 못 놓는다. 어쩔래?"

"이러니 너하고 못 사는 거야."

"그래, 그년이 그렇게 좋아. 어디 사는 년이냐고?"

이어서 옷 찢어지는 소리가 들리더니 세간 부수는 소리가 들린다. 난 그날 밤 격렬한 주인 부부의 싸움 소리에 잠 한숨 못 잤다.

주인 여자의 남편이 뭘 하는 사람인지 몰랐지만 나중에 알고 보니 강력계 형사라고 했다. 그래서 그런지 이 집으로 전세 온 날부터 낮이든 밤이든 주인 여자의 남편을 본 적이 없다. 30대 중반의 주인 여자는 서글서글한 성격의 맘씨 좋은 여자였고 6살 된 아들이 하나 있었다. 그 아들은 항상 망토를 걸치고 장난감 칼을 들고는 상상 속의 마징가 행동을 했다.

그날은 모처럼 친구를 만나려고 집을 나서는데 주인집 여자가 부른다. 주인집 여자는 멍든 얼굴을 손으로 가리고는 끈끈한 미소를 지으며 다가온다.

"총각, 내 구두 하나 줄까?"

"구두를 주신다고요?"

"응, 총각이 구두 없는 게 안쓰러워서."

아줌마가 구두를 준다는데 왜 이다지도 심장이 쿵쿵 뛰는 거야. 짐작컨대 나에게 구두를 주려는 건 지난번 남편의 여자 문제로 앙심을 먹고 맞바람을 피려는 게 틀림없다. 그러나 사나이 대장부로서 겨우 구두가 탐난다고 아줌마에게 덥석 먹힐 수는 없다.

"아줌마, 저 구두 없어도 되는데요."

"총각, 내가 주는 구두가 싫어?"

"싫은 게 아니고요."

"총각, 그럼 됐어. 이리 와봐."

오늘 따라 유난히 총각이란 단어를 진득하게 사용하는 아줌마가 나를 밀다시피 앞세우고 가더니 마루 밑을 살핀다. 얼마 후 주인 여자가 막대기로 마루 밑에서 꺼낸 것은 흰 먼지가 뽀얗게 묻은 갈색구두였다.

구두에 묻은 먼지를 걸레로 대충 닦더니만,

"이거, 아저씨가 신다 만 거지만 맞는지 모르겠다."

아니 그래, 이 아줌마 완전 칼 안 든 강도네. 널린 게 남자라지만 남편이 신다 버린 구두로 연애한다는 게 말이 되는 거여? 아무리 내가 아줌마네 집에 전세로 살고 있는 갑과 을의 관계지만 너무한다. 좋아요. 대신 앞으로 집세 올릴 생각일랑은 꿈도 꾸지 말아요.

어서 신어보라는 주인 여자의 재촉에 마지못해 구두를 신어보니 조금 크다. 게다가 구두코가 얼마나 뾰족한지 날찬 잠수함처럼 생겼다.

그 뾰족구두를 신고 몇 발자국 걸어보고는 어정쩡하게 서 있는 내게 주인 여자는 색기가 철철 넘치는 눈빛을 발하며,

"총각, 부탁이 하나 있는데 들어줄 거지?"

"부탁이라니요?"

거 다 아는 부탁이고, 또 들어주려고 구두까지 신었는데 새삼스럽게 이 아줌마가 왜 이런다냐? 영 쑥스럽구먼.

"총각, 정말 들어줄 거지?"

"그럼요. 걱정 마세요."

"응, 총각 고마워."

"고맙기는요. 누가 안 올까요?"

"오긴 누가 온다고?"

"아녀요. 그냥 걱정이 돼서요."

"총각, 여자 있어?"

"없는데요…."

아따, 이 아줌마가 오늘따라 되게 사오정이다. 내가 여자가 있음 어떻고, 없음 어떻다고 분위기 깨는 말만 골라서 한다.

"나중에 결혼하면 여자한테 잘해."

"아줌마! 친구와 약속이 있어요. 빨리 했음 좋겠는데요."

"응, 다름이 아니고 총각이 어떤 여자네 집 좀 알아줘."

"네에? 여자 집을 알아달라고요?"

에구, 이거 잘못 짚어도 한참 잘못 짚었다. 아줌마와 연애하는 줄 짐작하고 아줌마를 끌어안는 오버액션을 했으면 개망신은 물론이고 전세금도 못 받고 쫓겨날 뻔했다. 이래서 우리 인생사에서 중간이 최고란 걸 알 수가 있다. 우리 인생사에 남보다 좀 안다고 미리 앞서 가다 낭패를 당하는 게 어디 한두 건이냐고?

여하튼 아줌마의 말을 종합해보면, 요 근래 아저씨의 행동이 수상해서 미행했더니 욱일관나이트에서 어떤 여자와 팔장을 끼고 나오는 걸 발견했단다. 그래서 대로상에서 그 여자는 물론이고 아저씨와 심야의 대결투를 벌였다고 한다.

그 후에도 아저씨가 정신을 못 차리고 그 여자와 계속 만나는 걸 최근에 알았단다. 그래서 오늘은 그 여자 집을 알아서 아주 담판을 지으려고 하니 밤에 같이 나가잔다. 알고 보니 그 여자는 욱일관나이트에서 서빙하는 웨이트리스이고 나이트가 문 닫는 시간인 11시 정도에 나온다고 했다.

요새 나이트야 새벽까지 여는 나이트가 많지만 그 당시는 밤 12시에 통행금지가 있던 시절이라 11시에 문을 닫았다. 그래서 아줌마랑 욱일관나이트 건너편의 가로수 뒤에 숨어서 그 여자를 기다렸더니 11시쯤 여러 명의 여자가 욱일관 입구에서 나온다.

"바로 저년이야. 저기 머리 긴 년 보이지?"

길 건너의 여자들 무리에서 그 여자를 알아보는 걸 보니 주인 여자의 직감은 매우 뛰어나다고 할 수 있다. 그 여자를 자세히 보니 몸매는 호리호리하고 긴 머리칼을 뒤로 묶은 여자였다. 주인 여자는 그 여자가 자기를 알아보니 먼저 집에 가겠다면서,

"총각, 저년 집 좀 꼭 알아줘."

"아줌마, 염려 마세요. 어서 집에 가세요."

어쨌든 아저씨의 빨간 뾰족구두를 얻어 신은 죄로 그 여자를 미행하기 시작했다. 다행히 그 여자는 차를 타지 않고 혼자서 가고 있었고, 가는 길은 밝지는 않았지만 차가 다닐 수 있는 이면도로였다.

난 온 신경을 곤두세우고 버들가지처럼 살랑거리며 앞서서 걷는 여자를 조심조심 따라갔다. 어둠 속에서 칼날 같은 눈빛을 발하며 여자를 미행하는 내 자신이 마치 형사 콜롬보가 된 기분이다. 거리는 통행금지가 가까워서 그런지 그 여자와 나만 있었다. 여자가 걸음을 멈춰서 잠시 뒤를 힐끔 보더니 다시 천천히 걸으며 삼거리에서 좌측으로 돌아섰다.

나도 삼거리에서 여자가 간 좌쪽 도로로 돌아섰는데,

"어, 여자가 어디 갔지?"

의당 앞에서 걷고 있어야 할 그 여자가 안 보인다. 거참 귀신이 곡할 노릇이다. 주인 여자가 여자 집을 꼭 좀 알아 달라고 신신당부했는데 무슨 낯으로 아줌마를 보나. 여자가 바람처럼 사라진 동네는 술집과 구멍가게가 몇 개 있는 조금 번잡한 곳이었다.

내가 어쩔 줄 몰라 두리번거리고 있을 때 몸집이 우람한 남자가 다가오더니,

"누구야? 야밤에 여자를 쫓아다니고."

이어서 얼굴이 깡마른 또 다른 남자가 뒤에 붙더니 자기의 주먹을 눌러서 "으드득" 뼈마디 소리를 낸다.

"요새 이런 놈 많어."

"저기 아저씨요, 아-아무것도 아-아닌데요."

"이 새X야, 근데 왜 여자를 쫓아오냐고?"

신변의 위험을 느끼고 뒤로 물러서는 순간 앞 남자가 쌍욕을 뱉으며 번개같이 내 얼굴을 향해 주먹을 날린다.

"퍽!" 소리와 함께 왕별이 무수히 쏟아지는데 뒤에 섰던 남자가 발길질을 했는지 허리에 삽자루가 박힌 고통을 느끼며 쓰러졌다. 이어서 두 남자의 발이 몸 위로 소낙비처럼 쏟아지면서 정신이 아득해진다.

"야! 이 새X야, 또 오면 죽을 줄 알아."

집으로 돌아오는 길은 조금 전의 의기양양한 형사 콜롬보에서 완전 처참한 패잔병이었다. 코피가 터지고 얼굴은 부어오르고 남방 단추가 3개나 떨어진 데다 온몸이 안 아픈 데가 없다. 특히 등을 얼마나 심하게 맞았는지 허리가 펴지지 않았다. 단 하나 온전한 건 오늘 주인 여자로부터 받은 뾰족구두뿐이다.

집에 들어서자 놀란 건 주인 여자뿐만 아니라 누님이다. 그나마 부모님이 사업 실패로 인천을 떠나 멀리 경상북도 산골에 가 있었었기에 다행이라면 다행이랄까? 그날의 끔찍한 아픔을 잊을 때쯤 우연찮게 주인아저씨를 만났다. 여기 이사온 지 6개월이 됐지만 해가 중천에 떠 있는 대낮에 아저씨를 본 건 오늘이 처음이다. 스포츠머리에 어깨가 딱 벌어진 땅땅한 아저씨였다.

무슨 큰죄라도 지은 양 돌아서서 쭈뼛거리는 나를 보더니,

"응, 학생이 자네였구먼. 몸은 괜찮니? 조심하지 않고서."

아저씨는 내가 신고 있던 빨간 뾰족구두를 유심히 쳐다보더니,

"아니, 이 여편네가. 버린다는 구두를 학생에게 주었구먼…."

임진왜란사를 쓴 《징비록》을 보면 이런 이야기가 나온다.

어느 날 왜병을 발견한 한 농부가 산 너머 조선 병사의 안전을 위해 위험을 무릅쓰고 달려가서 군관에게 알렸다. 보고를 받은 군관은 왜병은 보이지 않는데 그 농부가 왜병소문을 퍼뜨려 민심을 어지럽힌다는 죄목으로 그 농부를 즉각 참수시켰다. 얼마 후 조선 병사는 왜병에게 습격을 당하여 거의 몰살을 당했으니 죽은 농부는 얼마나 억울할까?

그렇다면 우리 인생사에서 어쩔 수 없이 겪는 억울한 일에 대해서는 운명이려니 하고 그저 꾹 참는 지혜가 필요한지 모르겠다.

군대 시절

산속의 게릴라전

큰동서로부터 강화도에 가서 몸보신이나 하자며 전화가 왔다. 안 그래도 답답하던 차에 큰동서, 작은동서, 처남, 우리 가족이 총출동하여 강화대교 밑에 위치한 장어집에 갔다.

장어는 생긴 것도 남자의 성기와 비슷해서 그런지 정력제의 화신인 양 남자든 여자든 잘도 먹는다. 먹음직스러운 장어가 나오자 큰동서가 잽싸게 꼬리를 집어 들고는, "장어는 꼬리 힘으로 헤엄치기 때문에 꼬리에 정력제가 똘똘 뭉쳐 있지"라는 말 한마디에 꼬리 쟁탈전이 벌어졌다.

그러고 보니 여기 강화도는 나랑 인연이 있는 곳이다. 진해 해병훈련소에서 기본훈련을 받고, 상남에서 후반기 보병교육 과정을 끝내고 실무에 배치된 곳은 김포군(현재 김포시) 용강리이다. 북한과 서해바다를 사이에 두고 있는 김포 및 강화 지역은 수도 서울을 지키는 서부전선의 첫째 관문이다. 얼마 후 강화도 부대가 재훈련을 받는 2개월 동안만 근무명령을 받은 곳이 바로 여기 강화 해상기동대이다.

말이 거창해 해상기동대지 이곳의 근무는 전투훈련보다 해상 야간경계근무가 주 임무이다. 즉 야간에 모선인 통통배를 타고 앵커로 고정시켜 놓은 폭 2m, 길이 5m 정도의 조그마한 목선배에 2명씩 옮겨 앉아 강화대교 바다로 침투하는 무장공비나 간첩을 잡는 것이 주 임무였다.

어쩌다 비나 바람이 좀 세게 불면 워낙 작은 배라 위험성이 크다는 이유로 육지 초소로 근무지가 변경된다. 집이 경상도 시골이라는 고참은 시간만 나면 '돌아와요 부산항'을 돼지 목 따는 소리로 노래를 부르는데 졸병 처지에 말릴 수도 없겠지만, 노래가 생각보다 안 나오면 마치 나 때문인 양 트집이고 주먹질이다.

한 번은 6월의 더운 여름날 모내기 대민지원을 2기 후임인 곰탱이와 나갔다. 지금은 모판을 실은 기계식 이앙기를 몰면서 모내기를 하지만, 60년대는 농사철만 되면 관공서 공무원은 물론이고 군인, 고등학생까지도 모내기에 총동원했다. 나도 고등학생 때 3번 정도 농촌에 가서 모 심은 경험을 믿고서 자원했다.

곰탱이와 함께 여름의 작열하는 뙤약볕을 받으며 질퍽질퍽한 논에 들어갔다. 따뜻한 논물이 허연 물방울을 일으키며 감실히 부딪친다. 논의 반도 못 심었는데 벌써 허리는 끊어질 듯 아픈 건 물론이고, 비 오듯 땀이 흐르고 입에서 단내가 난다. 이렇게 힘들기 때문에 쌀농사란 아무나 하는 게 아니다.

실상은 곰탱이나 나나 기름기 자르르 흐르는 사제밥을 배불리 먹을 수 있고, 막걸리라도 한 사발 먹을 수 있다는 기대감 때문에 대민지원을 나온 거다. 한낮의 모내기를 어렵게나마 잘 끝내고 밥과 술에 부른 배를 두드리며 저녁에 귀대했다.

오늘 밤의 근무는 바닷바람이 제법 세다는 이유로 바다로 가는 해상근무가 아니라, 육지 초소근무인데다 가수고참과 곰탱이까지 해서 모두 3명이 한 조였다. 육지의 야간경계 초소는 해안을 따라 몇 개가 있는데 우리 초소가 제일 으슥한 곳이다.

밤이 되자 으레 그렇듯이 가수고참은 먼저 눈을 감는다. 이젠 아침까진 곰탱이와 모든 경계책임을 져야 하며, 간첩이든 무장공비든 나타나기만 하면 때려잡을 의무가 있다.

몇 년 전 강화대교 바다로 잠수하여 이 지역으로 상륙한 북한 무장공비와 치열한 교전으로 우리 쪽 군인이 몇 명 죽었

▲ 1968년 1월 17일 23시 북한군 제124군 소속 31명의 무장공비가 남방 한계선을 넘어 연천군 고랑포로 침투하고 있다. (자료 : 연천군청 홈페이지 1.21무장공비 침투로)

다고 한다.

최근 공전의 히트를 친 《실미도》 영화도 북한 무장공비가 한창 넘어오던 60년대와 70년대 초의 실화를 바탕으로 한 것이다. 어쨌든 간첩이든 무장공비든 보이는 즉시 쏴 죽여야 한다는 긴장감에 M16 소총 방아쇠에 살며시 힘을 주어본다.

"무장공비야! 어서 오너라. 한 놈만 잡아서 헬기 타고 휴가 한번 가보자."

전투에서의 승리는 아주 단순하다. 즉 적을 먼저 발견 한자가 총을 쏘면 되지만 그렇다고 모든 게 해결되는 건 아니다. 왜냐하면 야간전투시 적을 향하여 총을 발사한 자는 불꽃으로 인해 위치가 탄로 난다. 동시에 적으로부터 집중적으로 총탄세례를 받아 백이면 백 전사할 수밖에 없는 희생을 감수해야 한다.

따라서 적을 먼저 발견하더라도 자기 생명을 희생한다는 정신력이 없으면 방아쇠를 당기기 힘들다. 6·25사변 시 칠흑같은 어둠 속에서 밀려드는 중공군을 먼저 발견하고도 어느 누구 하나 선뜻 총 쏘기를 거부했다고 한다.

그건 그렇고 고요 속에 "꾸-르-륵" 파도소리를 내며 밀려오는 서해바다의 밀물을 보며 잠시 집 생각을 해본다. 여기서 버스로 1시간 30분이면 도달하는 인천시 화평동이다. 입대하는 그날 밤 화평동 파출소에서 방범원들과 벌인 친구들의 난동이 생각난다.

그러고 보니 신포동 신신옥의 튀김가루를 넣은 쫄깃쫄깃한 우동과 용동 큰우물집의 텁텁한 막걸리와 노가리가 너무나 그립다.

또 고교 시절 짝사랑한 인천여고 여학생은 지금 뭘 하는지 궁금하다. 그 추운 겨울날 밤새 쓴 편지를 여학생이 가는 골목길에서 주지도 못하고 돌아선 게 기억난다.

생활은 비록 어려웠지만 그나마 웃으며 살아온 건 서로의 어려움을 이해하는 좋은 친구들이 있었기 때문이다.

그나저나 아까 낮에 모내기 대민지원으로 인한 피곤함과 막걸리 기운으로 눈이 슬금슬금 감긴다. 옆에 있는 곰탱이를 보니 어느새 방아깨비처럼 방아를 찧고 있다. 곰탱이가 찧고 있는 쌀이 맵쌀인지 찹쌀인지는 알 수 없으나, 이 고참이 시퍼렇게 눈 뜨고 있는데 먼저 방아질을 하다니.

"이 쌔X! 아주 기합이 빠졌군."

하지만 나도 어쩔 수 없이 슬그머니 눈이 감기는 걸 도저히 막을 수가 없다. 어디선가 아련히 날 부르는 것 같다.

몽롱함 속에 섬뜩함을 느껴 눈을 뜨니 웬 시커먼 물체가 바위처럼 앞에 서 있다. 본능적으로 무슨 일이 일어났음을 알고 무거운 몸을 일으키는데, 곰탱이와 가수고참도 심상치 않은 분위기를 알고는 따라 일어선다. 어둠 속에서 셋이 부동자세를 취하고 있는데 순찰 하사관(지금 부사관)이 "근무를 어떻게 서느냐?"고 무섭게 질타한다. 그러고 보니 무엇보다 제2의 생명이라는 총이 안 보인다.

부사관이 우리 총을 몽땅 집어가도 모를 정도로 잤으니 죽어 마땅하다. 훈련소에서 교관이 "훈련 못 받는 놈은 용서해도, 경계근무를 소홀히 한 놈은 역적이다"라고 했는데 미칠 일이다.

만약 부사관이 무장공비라면 우리 셋은 이 세상 사람이 아니다. 부사관이 숨겨논 총을 돌려주며 아침까지 근무 잘하라고 떠났다. 이제 남은 일은 가수고참으로부터 죽을 일만 남았다. 기대했던 대로 부사관이 떠나자마자 가수고참의 주먹이 바람을 가르며 날아왔다. 별이 빛나는 적막한 밤, 풀벌레 우는 소리와 어울려 떡 치는 소리가 요란하다. 정신은 어질어질한데 가수고참의 주먹 춤이 언제 끝날지 아득하다.

이젠 가수고참이 주먹질도 지쳤는지 숲속으로 가더니 "우드득!" 나뭇가지를 부러뜨린다. 이젠 아주 몽둥이로 확실히 때려잡을 셈이다. 정말이지 더 있다가는 맞아 죽을 것 같아서 도망가기로 결심했다.

"곰탱아, 도망가자? 여기 있음 죽어, 임마!"

도망가자고 몇 번이나 얘기해도 이 자식은 묵묵부답이다. 도망가다 죽으나 여기서 죽으나 죽긴 매일반인데 여기서 죽으려 들다니. 에이, 미련하다 못해 곰 같은 놈이다.

숲속에서 가수고참이 나오는 소리가 들린다. 이 깜깜한 밤 어디로 튀어야 되나? 여기 지역도 익숙지 않으려니와 무엇보다 막상 튀려니 발이 안 떨어진다. 이 급박한 상황에 곰탱이는 그저 하나님이 빨리 오시기를 기도하는 것처럼 하늘만 쳐다본다.

"어쭈구리, 이 새X야! 하늘 본다고 해결될 일이냐고?"

드디어 가수고참이 초등학생 키만 한 나뭇가지를 들고 나타났다. 다시 언제 끝날지 모르는 폭력 속에 숨조차 쉬기가 힘들었다. 드디어 몽둥이가 천천히 올려지면서 몽둥이 춤이 난무하려니 했는데 몽둥이가 하늘 높이 날고 있다. 숲속으로 떨어지는 몽둥이를 멍하고 보고 있으려니, "이 쌔X들, 근무 잘 서!" 하더니 다시 주무신단다.

아까 곰탱이의 기도 효험인지 모르겠지만 여하튼 가수고참님께서 고만 끝내겠다니 이보다 반가운 일이 어디 있을 소냐. 거 곰탱이놈 보기보단 신앙심이 매우 깊은가 보다.

그 후로도 이 가수고참과 해상경계근무를 같이 서곤 했는데 개 버릇 남 못 준다고 툭하면 주먹질이다. "이 쌔X, 바다에 쳐 넣을까 보다. 임마! 1시간이면 이북이야"라는 협박에 주눅이 든다. 그도 그럴 것이 북한과 접하고 있는 한강 하류의 서해안은 간만의 차가 워낙 커서 썰물에 쓸리면 이북 땅에 도착하는 건 시간문제이다.

그날도 저녁하늘은 약간 찌푸린 날씨였지만 우린 평상시와 같이 해상야간근무를 위해 바다에 떠있는 쪽배로 나갔다. 그런데 얼마 후 별이 안 보이더니 하늘에서 후드득 굵은 빗방울이 떨어진다. 이 정도의 날씨라면 당연히 육지근무이어야 하나 바다 날씨가 워낙 조석으로 변하는 걸 귀신인들 알겠는가?

우리들은 불안한 마음으로 빨리 통통배가 돌아와 철수하기만을 바랐다. 점점 빗줄기가 세차지면서 강한 바람까지 동반한다. 칠흑같이 어두운 밤, 비바람 치는 폭풍우 속에서 배 안에 고인 물을 계속 퍼냈지만 잠시 후 그것도 포기했다.

소용돌이 속에 금방이라도 가라앉을 것 같은 배 안에서 공포감으로 하늘만 쳐다볼 때였다. 높은 파도가 배 옆구리를 강타하자 배가 심하게 요동치며 내 몸이 용수철 튀듯이 순식간에 바닷물로 떨어졌다.

"사람 살려? 아니 군발이 살려!"

악을 썼지만 넘실거리는 바닷물과 억수같이 퍼붓는 빗속에서 눈마저 뜰 수 없다.

착용하고 있는 구명정 덕분에 가라앉는 것은 면했지만 이대로 쓸려 가면 북한에 도착할 수밖에 없다. 온 힘을 다해 육지를 향하여 헤엄을 쳤으나 높은 급류와 파도로 나아갈 수가 없다.

깜깜한 어둠 속에 장대비는 계속 퍼붓고 높은 파도는 넘실넘실 춤을 춘다.

"오-르-락, 내-르-락. 내 가고 있는 곳이 어디메뇨?"

"인생은 나그네 길, 남한에서 왔다가 북한으로 가는가?"

불 하나 켜져 있지 않는 칠흑처럼 어두운 북한 해안가가 아스라이 보인다. 한 번도 가보지 못한 나라, 아니 가서는 안 될 나라, 빨간 뿔 도깨비가 두 개나 달려 있는 나라, 학정과 굶주림이 있는 나라, 얼굴이든 발가락이든 온통 빨건색이 물든 나라, 찢어진 바지에 깡통 두드리는 나라로 내가 가고 있다니…. 아냐, 이건 꿈이야! 지금 나는 지독한 악몽을 꾸고 있는 거야!

북한 해안가에 도착하자 낮은 포복으로 평지를 통과한 후 큰 산을 향하여 정신없이 달려갔다. 걸리적거리는 소리에 뭔가 봤더니 M16 소총이 바다에 떨어지지 않고 용케도 걸려 있다.

가파른 계곡을 넘어지고 구르면서 산중턱까지 뛰어 올라가니 심장이 터질 듯 헐떡거린다. 억수같이 쏟아지던 비는 어느덧 멈추고 간간히 뿌려대는 빗속에 엄폐가 가능한 은신처를 찾았다. 바위 밑에 몸만 들어갈 정도의 은신처에 눕자마자 격심한 피로감에 잠이 밀려온다.

아롱한 햇빛이 솔가지 사이로 들어와 눈이 부셨다. 조심스럽게 밖을 나오니 어젯밤의 폭포 같은 비가 언제 왔었냐는 듯 따가운 해가 중천에 떠 있다. 눅눅한 옷을 말리고 싶었지만 공포, 불안, 적막, 절망감으로 첫날은 꼼짝도 않고 호 속에서 보냈다.

이젠 아버지, 어머니, 동생을 다시는 볼 수 없다는 생각에 눈물이 흐른다. 도대체 여기는 적의 후방인가, 아니면 전방 지역인가? 어둠 속에서 몇 시간을 표류했으니 아마도 적의 후방 어디쯤 될 것이라고 단정했다.

주머니에 뜯지 않은 라면땅 한 개가 잡힌다. 바닷물에 절어

떡이 됐지만 동기가 배에서 먹으라고 몰래 찔러준 것이다. 새삼 동기의 소중함을 느끼면서 라면땅은 만약을 대비해서 뜯지 않았다.

달빛 속 저 멀리 바다가 보이고 주위엔 불빛 하나 안 보이는 걸 봐서 이곳은 해안과 접해 있는 북한의 산속 오지일 것이다. 3일째 되는 날은 허옇게 변색된 라면땅을 몇 조각 먹으려 했지만 목이 메어 수통물로 억지로 삼켰다. 지금쯤 부대에서는 내가 죽은 줄 알겠지?

인간도 새처럼 날개가 있으면 남쪽으로 훨훨 날아갈 수 있으련만…. 7일째 되는 날은 극도의 절망감이나 불안감보다는 마음껏 먹고 싶은 욕망이 지배했다. 이젠 탈수현상에다 어지럼증까지 나타나서 호 밖으로 나가는 것조차 포기하고 누워서 시간을 보냈다. 손가락 하나 움직일 힘조차 없는 비몽사몽 중 저승사자까지 나타나, "군발아, 고달픈 인생사 이젠 고만 끝내고 와야지?"라고 넌지시 손짓을 한다.

"저승사자님! 나 아직 총각입니다요. 총각딱지라도 떼고 가야 몽달귀신을 면할 거 아니요."

"이젠 죽을 때가 됐나보다. 아니야, 이름도 모르는 산골짜기에서 나 홀로 죽을 수는 없다. 죽더라도 나가서 죽어야 한다."

온 힘을 다하여 호 밖으로 기어 나오니 새벽 별 몇 개가 반

짝인다. 턱을 만져보니 그동안 제법 자란 턱수염이 까칠까칠하다.

신병훈련소 시절 덕산사격장에서 타깃을 올리고 내리는 사역병으로 차출되었다. 당시 지급받은 총은 2차대전 때 미군이 쓰던 M1 총이었다. 더럽게 무거웠지만 정확도는 매우 높은 총이다. "올려!" "내려!" 사격장 교관의 확성기 구령에 따라 힘차게 타깃을 올리고 있는데 사격장에서 근무하는 실무병이 다가왔다.

까만 여드름이 다닥다닥 붙은 실무병이 조금 자란 내 턱수염을 꼰다.

"임마! 이게 뭐야?"

"넷! 수염입니다."

"샤X! 틀렸어. 무슨 털?"

"넷, 모르겠습니다."

실무병은 내 수염 몇 가닥을 확 뽑으면서,

"똥털이야. 알았나?"

수염 뽑힌 얼얼한 턱을 만지고 있는데 실무병이 또 묻는다.

"무슨 털?"

"넷! 똥털입니다."

수통에 조금 남아있는 물로 목을 축이고 총을 무의식적으로 들었지만 적과의 전투를 위해서는 아니다. 그저 총은 제2의 생명이기 때문에 항상 같이 있어야 한다는 군인의 본능적 의식 때문이다.

유독 무거움을 느끼는 M16 소총을 간신히 걸치고 한 발, 한 발씩 산 아래로 내려갔다. 우연히 눈에 띈 노란 색깔의 야생화, 비록 아무도 보지 않는 깊은 산속의 들꽃이지만 앙증맞게 눈부시다.

평지에 거의 내려 왔을 땐 먼동의 날이 밝아오고 있었다.

"타 - 앙." "타 - 앙."

산속의 고요함을 깨뜨리는 총소리가 울렸다. 이어서 확성기 소리가 귀를 때린다.

"총을 버려라…."

그리고 이어서 무슨 말인지 귓가에서 웅웅거렸으나 한마디도 알아들을 수가 없다. 내가 눈을 떴을 땐 화사한 온기가 넘치는 병원이었다.

연병장에서 대대장님의 힘찬 치하연설이 낯간지럽다.

"여기 앞에 서 있는 해병은 해상 야간경계근무 중 돌풍으로 인하여 바다에서 표류한 후 아군지역을 북한 괴뢰군지역으로 착각했다. 그러한 최악의 조건에서도 적에게 투항치 않고 원기 왕성한 전투력과 투철한 반공정신으로 일주일간이나 산속의 게릴라전을 벌인 용감한 병사로서…."

"여봇! 지금 무슨 생각을 하고 있어요? 여기요."

용케도 집사람이 정력덩어리인 장어꼬리 하나를 찾아서 입속에 쳐 넣는다.

"결론은 오늘 밤에 장어꼬리 값이라도 해야 될 성싶다…."

왕병장

내가 훈련소를 수료하고 배치된 곳이 경기도 김포군(현재 김포시) 용강리이다. 첫 근무지인 11중대에서 중대장, 소대장, 병장에게 신병신고를 하면서 두려움과 공포로 떨었다.

어디 가도 신세상은 두려운 거다. 그래서 미지의 세계로 가는 모험가는 성공하든 실패하든 존중해야 한다. 왜냐하면 공포와 두려움을 스스로 찾아가는 용기 있는 자이기 때문이다.

난 서부전선을 지키는 해병대 최말단 소총수이자 작대기 하나인 이등병이 되었다. 우린 강 건너 북한이 보이는 철책선에서 밤새 근무하고, 낮에는 산에 올라가서 진지 보수작업을 했다.

원칙대로 하면 야간경계를 했기 때문에 아침을 먹고 나서

낮 12시까지 자야 되지만, 곧 후방예비대로 이동해야 되기 때문에 오전부터 산에 올라가서 우리가 담당한 벙커를 잘 보수하고 인계하여야 한다. 졸병생활이 얼마나 힘들었는지 1달 만에 입술에 콩알만 한 허연 물집이 여기저기 생겼다.

그날도 우리 소대원은 산에 올라가 진지 보수작업을 하고 있는데 벙커로 집합하라는 명령이 떨어졌다. 벙커로 달려갔더니 병장들은 마루에 앉아 있고, 나를 포함한 졸병 3명이 부동자세로 섰다.

한 상병이 명령한다.

"X 잡아!"

명령이 떨어지기 무섭게 바지랑 팬티를 훌러덩 벗고는 성기를 잡았다. 이어서, "야! X 잡고 가요. 1탄 발사!"

우린 성기를 두 손으로 부여잡고는 "X 잡고 나는 가요. X 잡고 나는 가요"를 온몸으로 구슬프게 불렀다. 우린 그렇게 해서 그날 하루도 병장님의 눈을 즐겁게 해드렸다.

여하튼 졸병 시절엔 병장들의 말 한마디가 천금보다 무거웠고 그 권위는 하늘을 찔렀다. 오죽했으면 병장이 피우다 버린 꽁초는 3년을 보존하라나. 솔직히 말해서 난 병장을 대장, 중장, 소장, 준장 다음의 5대 장성이라고 믿고 있다.

그럴 만도 한 것이 적을 죽일 수 있는 훈련을 반복적으로 받는데, 그 능숙함은 군대 짬밥과 직결되기 때문에 전투소대의 병장은 절대로 나이롱뽕 해서 딴 게 아니다. 그래서 북한의 병들은 군 복무기간이 10년이나 되고 하사나 장교를 병들 중에서 뽑지 않던가.

지금 군대야 먹는 것도 다양해서 먹는 것만 보면 군대를 다시 가고 싶을 정도지만, 70년대 초의 군대는 살기 위해서 먹었다. 누런 양은그릇에 밥 하나랑 국 하나지만, 밥 양이 적은 것은 물론이고 국도 1년 12달 콩나물국이 아니면 배춧국이었다.

담배 배급도 내가 알기론 2일에 한 갑인 걸로 알고 있는데, 어떤 놈이 오다가 다 피우는지 일주일에 1번 정도 지급된다. 또 필터 없는 '화랑' 담배가 제대 말년인 1975년에야 필터있는 담배로 교체되었다.

성냥도 귀해서 담배를 못 피운 적도 많았는데, 그나마 있어도 황 달린 성냥개비 갑성냥이라서 비라도 오거나 훈련 때는 땀에 젖어서 버리기 일쑤였다.

잠시 그 당시 군가만큼이나 많이 부른 '인천의 성냥공장 아가씨'를 불러 보자.

인천의 성냥 공장, 성냥 공장 아가씨
하루에 한 갑, 두 갑, 맞 갑이 열두 갑
치마 밑에 감추고서, 정문을 나설 때
(이하 절대로 생략)

이 노래의 근원지인 인천이 성냥 공장의 원조인 것은 역사적으로 증명되고 있다.

본론으로 돌아가서 언젠가 하계 야외기동훈련 중 비가 와서 성냥이 젖는 바람에 담배를 피울 수가 없었다. 한 전우가 불을 얻기 위해 마른나무를 두 개 구해서 구석기시대의 원시인이 불을 얻듯이 십자형으로 마찰시켰다.

영화를 보면 원시인이 나무를 문질러서 불을 얻는데 그건 영화니깐 불이 난 거고 실제로 해보면 전혀 그렇지 않다. 아무리 나무를 돌리고 비비고 부딪혀도 약간의 꺼멍과 탄내가 조금 나긴 나는데 불을 얻기에는 어림도 없다.

한 번은 겨울철 휴가가 끝나 귀대하는 날 우리 대대 전부가 겨울 혹한기훈련 중이었다. 그러고 보니 우리 소대의 남은 인원은 일병인 나와 선임인 병장 1명뿐이다. 운 좋게도 휴가 덕분에 혹한기 동계기동훈련 대신 자대경비를 위한 최소인원에 포함된 것이다.

병장님의 입대 동기는 이미 제대한 지가 오래인데 병장님은 휴가 가서 큰 사고를 쳤다. 그래서 군 감방에 있었던 기간만큼 더 군대생활을 해야 된다고 했다.

그냥 병장도 하늘인데 소위 별이 번쩍거리는 전과자 병장이니 감히 그 앞에서 눈이나 제대로 쳐다보겠냐고?

요새는 그런 게 사라졌지만 예전에는 버스에서 험상궂게 생긴 사람이 올라와서는 별 얘기로 먼저 겁을 준다. 그리고 방금 나온 전과자이고 바르게 살 테니 동정하는 셈 치고 볼펜이나 껌을 사라고 강매를 한 적이 많았다. 다만 군대 별이 사회 별과 다른 게 있다면 졸병들로부터 존경을 받고 있다는 거다.

그러니 내가 할 일이란 병장님을 위해 밥 타오고 이불 깔아주고 밤에 경비 서는 것이 전부이다. 야간경비는 소대 막사 안에서 총 들고 경비를 서는 거라 졸다 서다 하면 아침이 되어서 별 어려움이 없었다.

근데 하루는 병장님은 먼저 잠들고 경비를 서는데 갑자기 담배가 피우고 싶었다. 근무 중에는 담배를 절대 피우면 안 되지만 막사 안이라 보는 사람도 없고 해서 딱 한 대만 피기로 했다.

마침 성냥이 없어 담배만 만지작거리니 더 피우고 싶었다. 자고 있는 병장님 옆의 탁자 위에 작고 낡은 곤로가 보였다.

어떤 용도인지는 알 수 없지만 이 불로 담배를 피울 수 있다는 생각이 들었다.

난 보물이라도 발견한 양 곤로 줄을 천장에서 내려온 소켓에 꽂았더니 곤로에서 "윙 - 윙 -" 소리가 나면서 동글동글한 용수철에 빨간 불이 들어왔다. 얼른 담배에 불을 붙이고 손 좀 녹이는데 "퍽!" 하며 곤로에 연결되어 있는 전깃줄에 불이 붙었다.

아마도 얇은 전깃줄이 곤로의 부하를 수용하지 못해서인 듯했다. 막사 천장까지 연결되어 있는 까만 전깃줄이 중간 소켓에서부터 "뿌-지-직" 소리와 함께 까만 불똥을 떨어뜨리며 타 들어갔다.

더구나 그 불꽃의 높이가 내 손이 닿을 수 없는 곳이기도 했지만, 갑작스레 당한 일이라 당장 뭘 해야 되는지 알 수가 없다. 그러는 순간에도 전깃줄 불은 까만 불똥을 떨어뜨리면서 천장 끝을 향하여 타올라갔다.

그대로 두면 불꽃이 막사 천장 속으로 옮겨 붙어 막사 전체가 타게 되면 난 방화범으로 어김없는 영창감이다. 절체절명의 위기의 순간엔 그저 하늘 같은 우리 병장님만이 이 난제를 해결할 수 있다고 생각했다. 병장님을 쳐다보니 벌써 꿈나라에 간 지 오래다.

영창 속에 웅크리고 있는 내 모습이 아롱거리자 "왕병장님!" 하고 외치는 동시에 기관총 쏘듯이 얼굴을 "찰-싹! 찰-싹! 찰-싹!" 연거푸 따귀를 3대 쳐올렸다.

따귀를 옹골차게 맞은 병장님이 눈을 번쩍 뜨자 나는 불을 가리키며 소리쳤다.

"불이요, 불- 불!"

우리 병장님은 5대 장성답게 벌떡 일어나는 동시에 덮고 자던 모포로 전깃줄을 연거푸 후려쳤다. 그랬더니 조금 전까지만 해도 기세 좋게 타 들어가던 불이 천장 밑동에서 겨우 꺼졌다.

만약 그 불이 꺼지지 않고 천장 속으로 들어가 막사 전체를 태웠다면 생각만 해도 끔찍하다. 지옥에서 나를 살린 병장님의 민첩한 행동에 절로 감탄이 나왔다.

"왕병장님, 만 - 세! 만 - 세! 만 - 세!"

한바탕의 불난리 후 김 병장님은 "주의해!" 하고 주무시더니만 다시 일어나신다.

"너, 이리 와봐."

부동자세로 서 있는 나를 어이없다는 듯 쳐다보더니 느닷없이 아구창을 한 방 깐다.

"시방 니가 나를 때렸냐?"

거참 내가 하늘같은 왕병장님을 때린 거는 맞는디 내가 밀림의 정글법칙대로 강한 자가 약한 자를 때린 거냐고? 영창 안 가려고 눈물을 머금고 때린 거지만 그렇다고 "넷, 때렸습니다"라고 죄를 인정할 수도 없다.

그래서 요새 구린 '돈' 처먹은 왕년의 권력실세들이 눈에 보이는 확실한 증거가 나오기 전까지는 "하늘을 우러러 봐도 한

점 부끄러울 것 없다"며 무조건 오리발 내밀듯이 나도 오리발이다.

"지가 왕병장님을 때린 거 보셨습니까?"

왕병장님은 아무 말씀이 없다. 당연하지, 내가 왕병장님 주무실 때 싸대기를 쳐 올린 거 아니겠어….

돈벼락

대입 재수생임에도 불구하고 남들이 다 가는 여름바캉스를 우리도 가자고 해서 친구 4명이서 을왕리해수욕장을 가기로 했다. 을왕리를 택한 이유는 짱아치라는 친구가 해수욕장 기도를 보고 있으니 오기만 하면 먹고 자는 걸 공짜로 해주겠단다.

그러니 돈이 무슨 필요가 있겠냐며 물주인 가발공장 사장 아들인 기원이란 친구가 가지고 있는 돈 중 가는 뱃삯을 제외한 나머지 돈으로 신포동에서 술을 사먹었다. 그 당시 을왕리는 연안부두에서 배를 타고 갔는데 을왕리해수욕장에 도착한 시간은 오후 느지막한 시간이었다.

"저 푸른 바다를 보라! 내 가슴은 뛰고 있도다."

우리는 야호! 소리를 지르며 모래사장을 여기저기 뛰어다니며 젊음의 정열을 만끽했다. 얼마 후 해수욕장 기도를 한다는 짱아치를 찾으러 갔던 친구가 땀을 뻘뻘 흘리며 왔다.

"짱아치는 어디 있냐?"

"짱아치는 어제부로 짤려서 육지로 나갔데."

힘이 쭉 빠졌다. 그 친구 짤린 거야 어쩔 수 없다지만 우리는 그 친구 말만 믿고 얼마 안 되는 돈마저 신포동에서 술 처먹고 부랄 두쪽만 달고 왔는디 어쩐다냐….

어느덧 어스름한 저녁이 되자 여기저기 텐트에서 밥 짓는다고 어수선하다. 석유버너 소리가 식식대며 밥 타는 냄새가 구수하다.

우리는 점심마저 신포동에서 막걸리로 채우고 왔으니 다들 밥 생각이 간절하다. 사흘 굶은 사람 도둑 된다더니 밥을 맛있게 먹고 있는 텐트 사이로 기웃거려 보지만, 어느 누구하나 밥 한 숟갈 주는 놈이 없다.

세상 태어나서 밥의 중요성을 처음 알았다. 내 사는 게 풍족하다고 생각한 적은 없지만 최소한 하루 밥 세 끼는 항상 먹는 거려니 여기며 살아왔는데, 여기선 밥 한 숟갈이 너무 멀었다.

해는 서산너머 사라지고 파도소리만 들리는 어두운 해변가에서 두 끼 굶은 거지떼들이 모래사장에 누워 서로 얼굴만 쳐다본다. 키보이스의 '해변으로 가요'는 지금도 여름철에 불리는 히트곡이지만, 그때도 이 노래는 전국의 해수욕장에서 최고로 인기 있는 노래였다. 노래만 들으면 해변의 밤은 시원하고 낭만적이지만 밤이 되니 왜 이리 추운 거야.

시원 정도가 아니고 얼마나 추운지 이빨이 딱딱 떨리고 따뜻한 방이 너무 그리웠다. 온몸이 겨울철 동태가 되다시피 날밤을 새웠는데, 떠오르는 아침 해가 그렇게 반가울 수가 없다.

"해야, 빨리빨리 솟아라. 추워 죽겠다."

아침이 되자 우리 일행은 일단 육지로 철수하기로 했다. 그래서 배가 도착하는 선착장에서 내가 선발로 구걸을 했다. 오는 사람마다 손을 벌려서 1원도 받고 운 좋으면 5원도 받고 무려 1시간 정도 구걸해서야 우리 모두 육지로 나갈 수 있는 뱃삯을 벌었다.

근데 돈이 전혀 필요 없는 곳이 바로 군대이다. "밥 먹어!" 하면 먹으면 되고, "뛰어!" 하면 달리면 되고, "맞아!" 하면 맞으면 되고, "대가리 박아!" 하면 박으면 되고, "취침!" 하면 자면 되고, "총 쏴!" 하면 총 쏘면 되고, "똥 퍼!" 하면 똥 푸면 된다.

그저 신선이 바둑 두듯 세상사 다 잊고 시키는 대로 하면 쌀밥(보리쌀 약간 섞음), 양말, 런닝구, 팬티, 군복, 워커, 농

구화, 담배까지 완전 100% 전부 공짜인데다 월급까지 척척 나오니 군대가 바로 무릉도원이다.

실무의 병영생활에 익숙할 무렵 첫 휴가 명령에 흥분과 기대가 온몸을 때린다. 휴가 첫날 친구들과 점심을 먹기 위하여 시내버스를 탔다. 그런데 옆에서 연신 흐르는 땀을 손수건으로 닦으며 괴로워하는 뚱뚱한 중년 남자가 자꾸 신경 쓰인다.

아니나 다를까, 버스가 사거리 신호등에 멈추고 있을 때 이 남자가 순식간에 고목나무 쓰러지듯 앞으로 고꾸라진다. 당황한 버스운전사가 도로변에 버스를 멈추고는 주위에 몰려있는 승객들에게 빨리 병원으로 데리고 가야 한다고 외친다. 그러자 주위 사람들이 '어이, 군발이 네가 적격이다'라는 무언의 눈빛을 나에게 쏟아낸다.

"이거 왜 이래. 군대에서 짬밥과 콩나물국만 처먹다 나온 놈이 무슨 힘이 있다고 나만 쳐다보냐고?"

그러나 마치 내가 업고 가야 할 의무라도 있듯이 깡마르고 옹골차게 생긴 사내가 쓰러진 남자를 내 등에 업힌다.

아니 가는 날이 장날이라고 안 되는 놈은 뒤로 넘어져도 코 깨지고 새로 산 양복까지 찢어진다고. 나 휴가라고! 휴가가 뭐여? 군대에서 조지나게 고생했으니 사회에 나가서 좀 쉬라는 게 휴가여! 이 뚱뚱한 사람을 나보고 업으라는 건 각개전투의 연장이라는 걸 니들이 알기나 알아?

나는 뚱뚱한 중년 남자를 업고 버스에서 내려 병원으로 뛰기 시작했다. 이 남자가 얼마나 무거운지 입에선 단내가 나고 군복은 땀에 젖어 물에 빠진 새앙쥐같다. 그 흔하던 개똥도 약에 쓰려면 안 보인다고 평소에 그렇게 잘 보이던 병원들은 다 어디 숨은 거야?

"여보쇼! 교대 좀 합시다. 내 허리 빠지겠시다."

깡마른 사내는 다 왔다면서 사거리 모퉁이의 2층짜리 병원 응급실로 떠민다.

응급실에 사내를 눕히고 찬물을 맛있게 먹고 있는데, 같이 왔던 깡마른 남자가 조용히 따라오라는 눈짓을 보낸다. 그 남자는 화장실로 들어가더니 조그마한 가죽가방을 열어 보이며 나직한 말로,

"이 돈 그 남자 돈인데 튀자우."

가방 속의 시퍼런 지폐다발을 만져보니 꺼끌꺼끌한 지폐 감촉이 너무나 좋다. 국민의 생명과 재산을 지키는 군인이 국민의 돈을 갖고 도망갈 수는 없다. 그러나 그건 마음뿐이고 난 깡마른 자와 함께 병원을 뒤로하고 달려갔다. 후미진 골목에서 사내로부터 돈뭉치 1다발을 건네받은 나는 희열과 불안에 떨면서 친구들과 약속한 다방으로 향했다.

친구놈들이 늦었다고 아우성치겠구먼.

"친구놈들! 그동안 좀 얻어먹었다고 왕빈대니 흡혈귀니 하는데, 오늘 이 돈으로 아가릴 도배할 테니 기다려라!"

내 주머니는 돈다발로 불룩하여 걸음걸이도 힘차 보인다. 역시 사람은 돈이 있어야 위엄이 있고 말빨이 선다.

약속한 다방으로 막 들어가려는데 누가 나를 부른다.

"야! 이리 와봐."

도둑이 제 발 저리다고 공포에 질린 모습으로 머리를 돌렸다. 제기랄, 하필이면 여기서 해병대 헌병을 만나다니.

"임마, 증명서 내놔."

그러나 휴가증 위에 돈 뭉치가 차 있으니 이걸 어쩐다지. 헌병은 둘이었는데 쩔쩔매는 내 모습에 뭔가 감을 잡았다는 듯이 앞뒤로 에워싼다.

"이 새X, 탈영병 아냐!"

"아, 아닙니다. 여기…."

시퍼런 지폐뭉치와 휴가증을 들고 덜덜 떨고 있으려니,

"아니, 이 새X 웬 돈이 이렇게 많아?"

"그거요…. 그게 저기…. 장사하는 아버님이 나보고 수금을 하라고 해서 가지고 가는 겁니다."

"그래, 무슨 장사를 하는데?"

"장사요? 그게…."

언뜻 고등학교 때 자주 갔던 명물당 찐빵집이 생각나기에,

"넷. 찐… 찐빵집입니다."

"찐빵집이라고? 요새 학생들은 찐빵 외상값을 돈다발로 내냐? 이 십XX야."

"넷, 아니 찐빵 값이 아니고 밀가루 값입니다."

"어라. 이젠 밀가루 장사야. 아주 시리즈로 해라. 쌀장사는 안 하냐? 이 십새야."

그러면서 조인트를 오골차게 깐다. 어떻게나 세게 맞았는지 정강이에서 통증이 알싸하게 올라온다. 헌병은, "좋아, 네 돈인지 집에 가서 확인해 보자구!"라며 지나가는 택시를 부른다. 택시를 타고 집으로 달려가는 와중에 이젠 돈이고 뭐고 살고 봐야겠다는 일념밖에 없다.

"아이고 헌병님! 한 번만 살려주십시오. 이 돈 몽땅 드릴 테니…."

나는 헌병에게 버스에서부터 병원까지 방금 전에 일어났던 사건을 몽땅 이실직고 했다.

헌병은 자기 육감이 맞았다는 듯이,

"이 새X! 어쩐지 수상터라. 날 속이려고? 임마, 내려!"

헌병은 더 취조할 것이 많은 양 나를 다방으로 데리고 들어갔다. 나는 주머니 속의 지폐뭉치를 탁자 위에 올려놓고 한 번만 봐달라고 헌병에게 필사적으로 매달렸다.

바로 그 순간, 반재킷에 짧게 깎은 스포츠형 머리를 한 민간인 둘이 옆에 앉는다.

"잠깐 봅시다."

"뭐요? 당신들은."

"방금 택시운전사의 범죄신고가 접수됐어요."

"택시운전사라니?"

뒤돌아보니 다방 문 옆에는 방금 우리가 타고 왔던 택시운전사가 뱁새눈으로 빙긋이 웃는다. 저 놈이 귀는 있어 가지고…. 그나저나 팔자에도 없는 돈벼락을 맞아 빵에 가야 하다니. "하나님, 저에게는 돈이 원수입니다요."

국립묘지

병영과 사회 사이에 철조망을 두고 철조망 안쪽은 허구한 날 먹자마자 푹 꺼지는 짬밥에다 콩나물국을 먹는다. 낮에는 발바닥에 불이 나도록 훈련을 받고 나면 밤에는 산천초목도 덜덜 떤다는 순검에다 졸린 눈으로 탄약고 보초까지 서야 한다.

▲ 연병장에서 야간 특별훈련으로 목봉훈련을 열심히 받고 있는 해병들. "야! 뒤에 좀 들어!"

반면, 철조망 밖으로 한 발자국만 나가면 니나노 색시술집에다 중화요리집, 가게에는 맛난 과자와 빵이 쌓여 있어 상대적 박탈감을 배가시키고 있다.

백범 김구 선생님은 만약 하나님이 네 소원이 뭐냐고 묻는다면 첫째도 대한민국의 독립이요, 두 번째도 세 번째도 대한민국 독립이라고 대답할 것이라고 했다.

만약 하나님이 군발이에게, "군발아! 네 소원이 뭐냐?"라고 묻는다면 100이면 100 전부 휴가라고 대답할 것이다. 나도 훈련소에 입대하고 나서 실로 9개월 만에 일병을 달고는 일주일간의 첫 휴가를 받았다. 첫 휴가의 그 감격은 군발이만 안다. 사회를 나가니 모든 게 새롭고 낯설고 신기하기만하다.

동생이 살고 있는 인천에서 하루 묵고는 다음날 경북 봉화군 석포에 계신 부모님을 뵙기 위해 청량리역에서 밤 10시에 출발하는 강릉행 군용열차를 탔다. 그 당시는 열차가 10칸이면 뒤의 2칸은 군용칸으로 할당해서 군인들만 타게 했는데, 하필이면 나보다 훨씬 고참인 해병대 상병을 만났다.

나보고 민간칸으로 가자는 바람에 순한 양처럼 따라갔더니, 이 선임수병이 객석에 앉자마자 경월소주를 시켜 먹는데 마시는 게 아니라 입에 쏟아붓는다. 사회에서 막걸리만 먹던 내가 소주를 첨 먹어본 건 군대에서 그것도 병장 제대시 축하연으로 조금 맛만 보았을 뿐이다. 근데 이 선임수병님은 아주 술도매상인 양 홍익회 직원으로부터 연신 사서 마시다 보니 발밑으로 술병이 여기저기 굴러다닌다.

드디어 선임수병께서 술기운이 도는지 발로 쾅쾅거리며 박자도 안 맞는 해병대 곤조가를 부르더니 급기야 술병을 깨고 던지고 난리다. 이러니 늦은 밤시간에 곤하게 자고 있던 민간인들은 그야말로 서부 개척시대의 무법자를 만난 셈이다.

선임수병의 무지막지한 행동을 멀건이 보고 있는데 저쪽 열차칸에서 꺼먼 베레모를 쓴 군인 5명 정도가 우리 쪽으로 오고 있다. 아마도 우리의 행패를 본 열차관리병이 마침 강원도로 동계산악훈련을 받으러 가던 공수특전사부대에 알린 모양이다. 그 당시 해병대와 특전사는 로미오와 줄리엣의 집안처럼 지냈으니 정녕 좋은 일은 아니다.

그나저나 술에 완전 절어 몸마저 세우기 힘든 판에 원수를 외나무다리에서 만났으니 정말 난감했다. 더욱이 지난 10월 1일 국군의 날 여의도 기념식장에서 박정희 대통령의 열병식 후 철수할 때 공수부대와 해병대와 엄청난 싸움이 벌어졌다. 양측이 대검에 찔리는 등 큰 부상자까지 발생했으니 현 상황이 보통 심각한 게 아니다.

공수특전사들은 아마도 열차관리병으로부터 민간칸에서 해병 둘이 깽판을 치고 있다는 소리를 듣고는 쾌재를 불렀으리라. 이거 수에서 불리하고, 술 먹어서 불리하고, 대검에 불리하고, 계급에 불리하고…. 어느 모로 보나 영락없이 어망에 걸린 꼴뚜기 신세이다.

사람이 죽음 직전에 이르는 돌발상황에 처하면 어떤 행동을 보일까? 월남전 수기에서 한국 군인 10여 명이 베트콩이 숨어 있다는 마을을 수색하다 오히려 월맹군의 포위망에 걸렸다. 오도 가도 못하는 상황에서 월맹군의 우박처럼 쏟아지는 총알에 죽음을 예감한 병사들의 태도를 적었다.

어느 병사는 엉엉 울부짖고, 어느 병사는 눈을 감고 기도하고, 어느 병사는 머리를 땅에 파묻고, 어느 병사는 멍하니 하늘을 쳐다보고, 어느 병사는 하나님을 외치고, 어느 병사는 어머니를 부르다 차례로 전사했다. 단 하나 살아남아 수기를 쓴 병사도 죽기 직전 날아온 미군전투기의 폭격 아수라장에서 간신히 탈출했단다.

나 역시 열차 내에서의 탈출길은 막혀있는 데다 첨 먹어보는 소주에 눈은 가물거리고, 귀에서는 모기 우는 소리가 들리고, 다리까지 후들대니 이걸 두고 '내우외환'이라고 할 수 있다.

근디 내 코에도 못 미치는 선임수병은 이 극한 상황에서도 죽기를 작정하고 한판 붙어보겠다는 전의를 불태운다. 이 선임수병님이야말로 충무공 이순신 장군의 "죽기를 원하는 자는 살 것이고, 살기를 원하는 자는 죽을 것이다"란 행동강령을 몸소 실천하고 있다. 역시 든든한 선임수병이지만 얼마나 버틸 수 있을까?

이젠 두 걸음 앞까지 다가온 특전사와 대치하는 순간 열차내는 일순간 무거운 적막감이 흐른다. 아마도 열차승객들은 방금 전 우리가 술 처먹고 취한 갱판을 떠오르며 특전사원에게 우리가 피떡이 되기를 은근히 바라고 있을 것이다. 절체절명의 위급한 상황에서 선임수병님의 방패막이가 되어야 한다는 심정으로 내가 앞쪽으로 발을 떼는 순간이었다.

뒤쪽의 특전사원이 앞 대원을 제치면서 나를 향하여 앞찍기로 원을 그리며 공중으로 뛰어오른다. 특전사의 공격을 본능적으로 얼굴을 돌려서 맞지는 않았지만 그 반동으로 몸이 휘청거리며 바닥으로 굴렀다.

"퍽!" 소리와 함께 등짝에 뭔가 꽂히는 듯한 심한 통증을 느끼는데, "형님…" 선임수병의 떨리는 소리가 들린다.

어라, 이건 또 무슨 얼어 죽을 형님이야. 우리의 거룩하시고 위대하신 해병대 선임수병님께서 생명이 위태롭다고 특전사원에게 형님이라니요. 그래서는 아니 되옵니다. 절대로 아니 되

옵니다. 차라리 논개처럼 장렬하게 죽는 것이 낫습니다요.

저 멀리 6·25전쟁 땐 강원도의 험준한 도솔산전투에서는 굶주림 속에서도 인해전술로 몰려오는 적 1개 연대를 1개 대대로 박살내고, 월남전의 짜빈둥전투에선 야밤을 이용해 습격해 오는 월맹정규군 1개 대대를 1개 중대로 전멸시킨 무적 해병대의 명예를 끝까지 지켜야 합니다요.

"선임수병님! 저랑 명예롭게 같이 죽읍시다요."

후들대는 다리를 부여잡고 간신히 일어섰다.

어라! 언제 왔는지 특전사들 사이에서 육군 모자에 중사계급장에 팔에는 '호송'이라는 갈색완장에 권총까지 폼 나게 찬 군인이 선임수병을 노려보고 있다.

"야! 너는 어째 휴가만 오면 개판이냐?"

그리고는 어리둥절 서 있는 특전사들에게 뭐라고 열심히 설득하더니 그들을 데리고 돌아간다. 가면서 선임수병에게,

"니도 빨리 군용칸으로 온나."

이래서 우리 인생살이를 우연과 필연의 교차라고 하는가 보다.

어쨌든 그 호송관이 선임수병의 진짜 형님인지 아니면 동네 형님인지야 알 수 없겠으나 그 형님 덕분에 한 목숨 살았으니 천만다행이다.

특전사가 저쪽 칸으로 막 사라지는 순간 분노의 얼굴을 한 선임수병이 내 얼굴을 향하여 주먹을 올렸다.

"개새X! 싸우지도 못하고 술 몇 잔에 엎어져!"

선임수병은 연속적으로 주먹을 날리고도 분이 덜 풀렸다는 듯 쓰러져 있는 나를 다시 짓밟는다.

에고 선임수병님! 한번만 살려주셔요. 난 벌떡 일어나 경례를 힘차게 올리며 "충성! 앞으론 싸우다 장렬하게 전사해서리 국립묘지로 직행하겠습니다요."

국립묘지로 직행하겠다는 나의 결연한 태도에 선임수병은 분이 좀 풀렸는지,

"야! 군용칸으로 가자."

집이 강릉이라는 선임수병님을 깨우지도 못하고 난 석포역에서 새벽의 겨울 찬바람을 맞으며 먼저 내렸다.

실로 군입대 후 9개월 만에 보는 부모님이다. 아버님이 인천에서 사업이 잘못되는 바람에 어머님까지 머나먼 여기 경상북도 봉화군 석포까지 오신 것이다.

아휴! 아까 열차에서 공수 특전사에게 피떡이 됐으면 부모님에게 요로콤 멋진 경례를 올릴 수 있겠냐고…. 새삼 선임수병의 호송관 형님이 고맙구먼요.

꿀 밤

내가 순이네 옆집에 살았다는 사실 하나로 이미 순이와 나와 운명적으로 결혼이 정해졌다. 순이와의 결혼에 대한 긴장감이 없다 보니 어쩌다 장모님을 뵈러 가도 씨암탉 잡는 건 고사하고 계란 하나 주지 않는다. 마치 '네 주제에 내 딸 순이는 과분하다'는 무언의 시위로 장모님에 대한 섭섭한 마음을 숨길 수 없다.

허긴 내 주제에 순이만 해도 황송하다. 사회에 대한 불만을 되지도 않는 논리로 토로하며 빈둥빈둥 놀아도 용기를 잃지 말라며 위로하고, 국민의 4대 의무인 군대에 갈 때도 어찌나 서럽게 울어대는지 남들 보기가 민망했다. 게다가 한 달이 멀다하고 그리움의 편지를 보내서 전우들을 감탄시켰다.

훈련소를 막 마친 신병들이 실무에 가자마자 고참들이 묻는 첫마디가,

"야! 너 여자친구 있어?"

애인이나 여자친구 없는 놈들이 하는 짓을 보면 주간지에 실린 여자 주소에 되지도 않는 글발로 펜팔 설치는 놈, 여자 주소 대라고 졸병 때리는 놈, 여자만 소개하면 앞으로 편한 군대생활 보장하겠다고 사탕 바르는 놈, 쥐뿔도 없는 놈이 너 제대하면 취직 보장하겠다고 알랑거리는 놈, 설사 애인이 있다 하더라도 고무신 거꾸로 신을까봐 노심초사하는 놈, 기회다 싶어 딴 애인 찾아 헤매는 놈, 휴가 갔더니 달아난 애인 찾다가 귀대 날짜 어긴 놈까지 있다.

그에 비하면 우리 순이는 한 달에 한 번씩 뜨거운 연서를 보내는 건 기본이고, 연휴가 낀 휴일날이면 그 먼 거리를 마다하고 면회를 온다. 이러니 전우들의 선망의 대상이 되는 건 당근이고 순이 친구 하나 있음 소개해 달라고 아우성이다.

"불쌍한 놈들! 누렇다고 다 금이고, 군복 걸쳤다고 다 군인이냐고!"

제대 말년에 받은 특별 휴가날, 집이 서울이라는 동기가 잠깐 놀다 가자는 요청에 서울 구경을 갔다. 그때 의상실에서 일한다는 동기의 여자친구 하나를 소개받았는데, 그녀는 서

울 여자답게 세련되고 우아했으며 쾌활한 여자였다.

처음이야 잠깐 놀다간다는 것이 의상실 여자의 끈끈한 유혹에 빠져 순이는 만나지도 못하고 귀대하게 됐다. 마지막 휴가라고 나를 기다리는 순이한테야 미안한 마음 금할 길 없지만, 요렇게 기똥차게 재미있는 여자를 만날 수 있는 기회가 어디 흔하냐고? 순이야 어차피 결혼할 사람이고 내가 잠시 한눈팔았다고 누가 알겠어? 누구 말대로 한강에 배 지나간 자리고, 수퇘지 부랄 베어 먹은 암퇘지다.

귀대 며칠 후 순이가 면회를 왔다. 곧 제대하는데 뭐하러 왔냐고 화를 냈으나 평소의 재잘거리던 순이가 그날따라 매우 심각하다.

"정말 나하고 결혼할 거지?"

"이 가시나가 무슨 헛소리야. 내가 너 말고 누가 있다고."

순이는 지난번 특별휴가 때 못 본 것에 대해 구구절절이 변명하는 나를 이해한다는 듯했다. 참 세상 죄짓고는 못산다고, 돌아가는 순이의 처진 뒷모습이 너무 안쓰러웠다.

순이가 돌아간 지 며칠 후, 이번엔 또 서울 여자가 면회를 왔다. 여자복도 많다는 전우들의 놀림 속에 서울 여자를 만나는 게 떨떠름했다. 난 단호히 서울 여자에게 말했다.

"난 결혼할 여자가 있으니 그만 끝내자고요."

서울 여자는 맑은 눈에 쓸쓸한 미소를 지으며,

"내가 순이 씨를 만나 양보하랬더니 시간을 달라고 했어요. 그렇게 좋은 순이 씨를 앞으론 배반하지 마세요."

'아니 이 여자가 어떻게 순이를 알아?'

알고 보니 서울서 잘 때 나 몰래 수첩 속의 순이 사진과 전화번호를 알았단다. 아하! 그래서 순이가 어두운 얼굴로 나와의 결혼에 대해 계속 물어봤구먼…. 나는 갑자기 정신이 멍해지는 것을 느꼈다.

착한 순이가 나와 서울 여자와의 깊은 관계를 차마 물어보지 못하고 돌아갔을 때 마음이 얼마나 아팠을까?

"순아! 내가 잘못했어. 날 용서해주어."

특박을 간신히 신청해서 순이가 다니는 회사에 갔더니 총무과 직원이 조금 전 조퇴했는데 회사를 곧 그만둘 것 같다고 말한다. 이거 일이 커져도 보통 커진 게 아니다.

단숨에 순이가 자취하는 집으로 달려갔다. 어라! 방 앞의 신발장에 순이 신발 말고도 커다란 남자신발이 보이니 피가 거꾸로 솟구친다. 내가 워커를 신은 채 방문을 박차고 들어가니 어떤 남자가 순이 등을 감싸고 있다. 아니 건드릴 게 따로 있지, 내 사랑 순이를 건드리냐고! 나는 군가 "돌진가"의 가사

'달려라 사자'처럼 몸을 튕기면서 그 놈의 얼굴을 정면으로 받아버렸다. "딱!" 소리와 함께 그 놈이 "어이쿠!" 하며 나동그라진다.

비틀거리며 일어나는 놈의 명치를 향해 발길질을 올렸는데, 놈은 간단히 피하면서 내게 주먹을 날린다. "퍽!" 얼굴을 정통으로 한 대 맞았더니 왕별이 몇 개 튀길 정도로 대단한 주먹이다. 이윽고 우린 엉켜서 죽느냐? 사느냐? 피튀기는 혈투가 벌어졌으나 1분도 안 되서 난 놈의 상대가 될 수 없음을 알았다.

놈의 주먹이 어떻게나 전광석화처럼 빠르고 강한지 갑자기 숨이 콱 막히고 심한 통증 속에 쓰러졌다. 그놈이 순이를 끌고 나갈 때 순이의 우는 소리만 귀에 울렸다. 귀대 후 온몸이 아픈 것도 아픈 거지만 그 남자놈보다 순이가 더욱 미웠다.

그놈과 순이가 포옹할 정도이니 보통 사이가 아니다. 며칠 후 위병소의 연락을 받고 면회실에 가보니 그놈과 순이가 와 있다. 너 죽고 나 죽자며 흥분하는 나를 그놈이 진정하라며 조용한 다방으로 데리고 간다. 이 연놈들을 이 자리에서 날려버리고 싶었지만, 그놈의 싸움실력을 능히 알고 있는 나로서는 어쩔 수 없이 응할 수밖에 없다.

놈의 옆에 다소곳이 앉아 있는 순이를 보니 순이도 안쓰러운 듯 좌불안석이다.

"그래, 나보고 순이를 단념하라는 거요? 절대 못해!"

"아하, 이 사람아, 왜 이리 급하나?" 하면서 그날 순이 방에서의 사건을 설명했다.

자기는 순이의 먼 친척인데 시(市)에서 조그마한 권투체육관을 운영하고 있으며, 그날도 순이가 전화로 중요한 일을 상의하고 싶다며 울면서 애청하기에 달려왔다나? 서울 여자와 나와의 삼각관계를 어떡하면 좋으냐고 징징 짜는 순이를 그런 나쁜 놈은 당장 잊어버리라고 등을 어루만질 때 내가 들어

왔다고 했다.

안 그래도 자기가 가장 아끼는 친척 동생인 순이를 울린 나를 만나기만 하면 다리몽둥이는 물론 밥순갈을 놓게 해주겠다고 단단히 벼르고 있었단다. 그 분은 나의 헤딩 덕에 부어오른 이마 상처를 만지면서,

"임마! 이렇게 착한 순이를 두고 어디다 한눈을 팔아?"

그리고는 왕년의 헤비급 권투선수 출신답게 솥뚜껑만 한 주먹으로 꿀밤을 먹이는데, 여간 아픈 것이 아니었다. 그때 죄스러운 듯 머리를 숙이고 있던 순이가 "안 돼요!" 하며 꿀밤 먹은 이마를 어루만질 때 순이의 따뜻한 사랑을 느낄 수 있었다.

쌀가마

군대 시절 휴가 때 친구랑 밤늦게까지 술 한잔 하고 집에 가는데, 군발이 하나가 전봇대에다 오줌을 싼다. 나도 군발이인 주제에 같은 군발이가 술 좀 먹고 길에다 쉬하는 게 뭐 그리 큰죄라고,

"야! 임마, 거기가 니 변소여?"

호탕하게 꾸짖고는 그 녀석 워커를 지그시 밟으며,

"쟈샤, 앞으로 X을 아무 때나 꺼내들 말그라. 알긋냐?"

"니가 뭔디 간섭이여."

어라, 이 군발이 자식 보게. 같은 군발이인 나가 알아듣게 얘기했으면 "앞으로 시정하겠습니다" 하고 고이 가면 만사형통일 것을, 대드는 꼴 좀 보게나. 나가 그 유명한 귀신 잡는

해병대인디, 요놈이 뭘 믿고 까분다냐?

그놈의 아구창을 한 방 쳤더니 이 군발이가 도망가면서,

"애들아! 해병대가 날 친다."

그 소리에 길 건너편 포장마차에서 한 무더기가 달려 나오는데 군발이가 4명에다 민간인까지 합쳐 5명이나 된다. 아무리 무적해병이라지만 인해전술에 걸리면 용가리 통뼈인들 별 수 있겠냐고?

백제의 국운을 건 황산벌전투에서 처자식까지 죽인 계백장군일지라도 정예 5천 명으로 5만 명이나 되는 나·당 연합군을 이길 수 없는 건 역사에서 이미 증명된 거다. 또 맬더스의 인구론에 의하면 인구는 기하급수적으로 느는 데 반해 경작할 땅은 따라가지 못해 결국에는 인류가 굶어 죽을 수밖에 없다는 논리와도 같다.

따라서 이 이론대로 계산하면 내가 1대 때리고 5대를 맞고, 2대 때리고는 10대 맞고, 3대 때리고는 15대 맞고, 20대 때리면 100대를 맞아야 되고, 그나마 상대방은 5명이니 100대 나누기 5명 하면 1인당 20대만 맞으면 된다.

하늘과 바다와 땅에서 주먹과 발길이 무수히 쏟아지는데 정신이 없다. 난 고슴도치처럼 머리를 감싸 안고는 이 폭풍이 빨리 지나가길 바랐다. 놈들에게 얼마나 많이 맞았는지 온몸

이 심한 통증과 함께 정신이 아득해진다.

그때 하늘에서 굵직한 목소리가 들린다.

"한 번 해병이면 영원한 해병이여!"

"누구셔요? 보아 하니 해병대를 제대하신 분인가 본데, 지금 제 사정이 아주 최악입니다요."

정말이지, 죽을 길이 있으면 살 길이 있는 게 우리의 인생살이다. 선배님이 나를 둘러싸고 있는 군발이 중 한 놈을 잡더니 "으라샤!" 기합소리를 내며 어깨걸이로 패대기치는데 잡힌 군발이는 힘 한 번 써보지 못하고 "쿵!" 하고 대자로 뻗는다. 또 다른 군발이도 같은 방법으로 업어치니 육중한 몸이 제비가 처마집 돌듯이 원을 그리며 하수구에 처박힌다.

아니 저 땅딸막한 키에 어디서 저런 힘이 솟아나는지 내 눈을 의심했다. 나도 용기백배해서 앞에 놈의 사타구니를 내질렀더니 "캑!" 소리와 함께 꽃게처럼 입에 흰 거품을 물고는 눈을 허옇게 뜨고 늘어진다.

"하나님, 아니 선배님! 정말 고맙습니다요. 선배님 아니었으면 이 몸 국립묘지로 갈 뻔했습니다요."

"응, 그려. 몸은 괜찮여?"

난 그 선배님을 따라 골목길에 있는 막걸리집에 갔다. 서로 통성명을 하는데 월남전까지 갔다 오신 대선배님이셨다.

그러나 난 아까부터 궁금한 게 바로 선배님의 운동이었다.

"저기 선배님, 하신 운동이 뭡니까요? 유도 같기도 하고, 씨름 같기도 하고, 레스링 같기도 하고요."

"그건 알아서 뭐해. 술이나 마셔."

선배님은 술이 좀 들어가자,

"너 내가 한 운동이 지금도 궁금하냐?"

그러면서 지그시 쳐다보는데 마치 백제의 흥망을 앞두고 신라군과 마지막 결전을 벌이던 계백 장군처럼 심각한 표정이다.

아니, 이 선배님이 하신 운동이 무엇인지 모르겠으나 밥하는 것도 아닌디 웬 뜸을 이리 들인다냐.

"나, 하인천부두에서 일하고 있어."

선배님은 지금 나하고 동문서답하고 있다. 아니 운동하고 하인천부두랑 무슨 상관이 있냐고? 아마도 가방끈이 짧아서 그런가 보다 하고 이해를 해야지.

"나 쌀가마 나르고 있어."

"쌀가마니라니요?"

이 선배님은 배에 있는 쌀가마니를 어깨에 메고 트럭에 옮겨 싣는 노무자였다. 나도 군 입대 전 하인천부두에서 잠시 쌀배를 경비하는 아르바이트를 해봐서 알지만, 1970년대 당시는 쌀이 절대적으로 부족하여 모든 국민에게 혼식을 장려

하던 시절이었다.

또 부족한 쌀을 외국에서 수입하는 항이 인천항부두였다. 지금처럼 도크가 없었던 인천항은 간만의 차가 너무 커서 외국배는 육지에서 멀리 떨어진 곳에 정박하고는 쌀가마니를 엔진 없는 대형 멍텅구리 배에 옮겨 실어 부두까지 접안했다.

다시 부두에 접안시킨 멍터구리배와 육지를 폭 50센치, 길이 10미터 정도의 기다란 널빤지 두 개를 연결시킨다. 그러면 노무자들이 어깨에 두 가마나 되는 쌀가마니를 이고서 그 좁은 널빤지를 출렁거리며 트럭으로 쌀을 옮기는데 한눈에 봐도 매우 고되고 힘든 일이었다. 개중에는 배가 고픈지 생쌀을 으적거리며 씹어 먹어서 입가에 허연 쌀물이 흐른다.

이제서야 어깨에 짊어진 쌀가마를 트럭에 던지듯이 고놈들을 어깨걸이로 패대기치는 멋진 폼이 생각났다.

군 제대 후 특별한 기술도 없고 돈도 없어서 지금까지 쌀가마 등짐만으로 살아왔다는 그 선배님은 담배연기를 길게 내뿜으며 피곤한 표정을 짓는다. 인생살이의 고단함을 말해주듯 한쪽으로 치우친 선배님의 어깨가 그날따라 유난히 더 쳐져 보였다.

장군님 빽

"이름은?"

"주소는?"

"직업은?"

파출소 순경의 질문이 속사포처럼 쏟아지더니 죄명란에 '무전취식'이라고 적고 지장을 찍으란다. 조금 전까지만 해도 술집에서 친구와 대포 형님을 모시고 기분 좋게 술을 먹고 있었는데 이게 무슨 개꼴인가?

오늘 사건의 전개과정을 보면 이렇다.

그동안 못 봤던 인천의 훈이란 친구와 신흥동 막걸리집에서 술잔을 기울였다.

"훈아! 주머니 사정상 딱 한 되만 더 먹고 가자."

마지막 한 되를 더 시켜서 다 먹었을 무렵 어떤 사람이 들어와서는 훈이를 보더니 아는 체를 한다.

난 처음 보는 사람이라 눈치만 살피고 있는데,

"야, 인사해라. 내가 아는 대포 형님이시다."

정중히 인사를 하고 보니 그 형님은 오늘 비도 안 오는 날인데 장화를 신고 있다. 훈이가,

"형님, 우린 다 먹고 이제 막 나가려고 할 참이었습니다."

"가긴 어딜 가? 나랑 더 먹어야지."

그래서 우린 조금 일찍 일어나려던 생각을 접고 다시 주저앉았다. 대포 형님은 술집 주인인 아줌마를 잘 안다는 듯 술집아줌마의 손을 잡고는 "아이구, 우리 애인 더 이뻐졌네"라고 너스레 친다.

대포 형님이 잠시 화장실에 간 사이 친구가,

"저 형님, 아주 개국이야. 나이트에 장화 신고 가서 춤추는 사람이야."

"그렇게 생겼구먼, 입심 봐라. 대포처럼 혼자 떠들잖어."

우린 술과 안주를 몇 개 더 시켜 먹고 나서는 일어서자 대포 형님이,

"야, 이거 내가 살게."

"형님, 아까 먹은 거는 우리가 낼게요."

"응, 그럴까. 내가 살 수 있는데…."

그래서 난 아까 우리가 먹었던 술값을 생각해서 내가 가진 돈 몽땅 털어서 대포 형님을 드렸다.

그 돈을 받아든 형님은 계산대에 가더니 계산이 안 맞는 듯 주인아줌마랑 언성을 높이고 있다. 내가 가서,

"형님, 왜 그러세요."

"응, 돈이 좀 부족해서 나머진 외상하자고 했더니 안 된다는 거야."

"아주머니, 그 돈은 제가 다음에 꼭 드릴 게요."

"안 돼요. 술값도 없으면서 왜 먹어요."

외상하자, 안 된다, 고성을 높이며 주인 여자와 싸우던 대포 형님이 심통이 났는지 갑자기 500원짜리 지폐돈(당시는 지폐였음)을 찢어버렸다.

"어머, 이 사람들 보게. 정말 무전취식이네."

주인 여자가 파출소로 전화하고 나서 얼마 후 순경 1명과 방범대원 1명이 달려왔다. 순경은 주인아주머니의 설명을 듣고 나서는 우리 보고 파출소로 가자고 한다.

대포 형님은 당차게도,

"그래 가자고요. 술 먹다 보면 돈이 없을 때도 있는 거지.

당신 장사 똑바로 해."

하필이면 카드가 없던 시절이라 술집에서 아주 개망신을 당하고 있다.

파출소로 연행되는데도 대포 형님은,

"니들 걱정 말아. 내가 누구냐고?"

전혀 위축됨이 없이 목을 빳빳하게 세우고는 파출소로 향한다.

"훈아, 보기보다 저 형님 빽이 든든한가 보다."

"글쎄다. 뭔가 빽이 있으니 저렇겠지."

우리 일행이 파출소로 들어가자 대포 형님이 누굴 찾는 듯 두리번거린다.

뭔가 이상하다는 듯 머리를 갸우뚱거리고는 순경아저씨에게 90도로 굽히고 나서는,

"저기요, 이 방범원 어디 갔습니까?"

"이 방범이라니?"

"이달용(가명) 방범대원인데요."

"그 방범은 얼마 전 고만두었는데."

지금은 없어졌지만 그 당시는 파출소마다 정식 순경이 아니지만, 반 토막짜리 흰 방망이를 옆에 차고 순경을 돕는 방범대원이 있었다.

피의자 신분으로 조서를 끝내고 나오면서,

"대포 형님, 방범대원도 빽입니까요?"

많은 사람들이 우리 사회의 가장 고질적인 병폐로 소위 3연이라고 하는 학연 · 지연 · 혈연을 거론한다. 세간에서는 이 연을 '빽' 또는 '줄'이라 일컫는다.

지금도 취직이나 승진, 입찰, 새사업 진출 등에 연줄이 작용하고 있는 것은 부인할 수 없다. 그러다 보니 잘못되는 모든 일을 자신의 능력이라고 돌리기보다는 타인 및 주위환경의 탓으로 치부해버리는 경우가 많다.

오죽하면 6 · 25사변 때 전투 중 총을 맞고 죽을 때 "빽!" 하고 죽었다나. 소위 빽이 없어서 끌려나와 죽으니 억울하다는 사회풍자이다. 여하튼 빽이 난무하는 나라일수록 후진국이다. 정말 원칙이 통하는 사회라면 굳이 빽에 신경을 쓸 필요가 없다. 법에 정한 대로 한다는데 누가 시비를 걸겠냐만 이상하게 우리나라에서는 이게 잘 안 되는 모양이다.

내가 빽을 절실히 느끼고 동원해 본 건 딱 한 번 군대에서였다. 대학 2학년을 마치자 많은 학우들이 군대에 가듯이 나도 해병대에 지원했다. 진해 해병훈련소와 상남의 후반기 보병훈련을 마친 후 실무부대에 배치된 곳이 경기도 김포군(현재 김포시) 용강리이다.

그때 우리 대대는 서부전선 철책선 경계를 맡고 있었다. 솔직히 이제 막 훈련소에서 나와 실무에 들어간 신병이 대대가 뭔지, 소대가 뭔지, 병장이 뭔지, 전방이 뭔지 알겠냐고?

첫날은 중대본부에서 자고 있는데 누가 깨운다. 그래서 기합든 동작으로 동기 2명과 1기 선임까지 모두 4명이 부동자세로 섰다. 후에 알았지만 계급이 상병인 선임수병이 "일동 차려! 돌아!"를 몇 번 시키더니 도는 순간마다 주먹을 날린다. 주먹이 배에 작열할 때마다 통증이 온몸으로 퍼졌다. 소리도 못 지르며 몸을 일으키는데 창자가 찢어지는 것 같았다.

다음날 아침에 각 소대로 배치되는 바람에 동기들과 헤어졌다. 말로만 듣던 실무병이 된 것이다.

우리 1소대는 월남전에서 막 철수한 병장 세 명이 병들을 통솔했다. 키가 좀 작고 얼굴이 검게 탄 우 병장이 나를 보더니,

"니 기수가 올라오기 전에는 제대하는 줄 알았는데."

난 졸병답게 똥오줌 못 가릴 정도로 바빴다. 밤에는 철책선 근무하랴, 아침에는 청소부터 해서 신발에 탄내가 날 정도로 온갖 잡일의 연속이었다.

온 지 며칠 안 된 어느 날 청소를 열심히 하고 있는데 바로 위 기수의 한 병사가 굳은 얼굴로 손짓한다.

"야! 집합이다."

그리고는 후다닥 뛰어나간다. 집합이라면 어디 모이라는 거다. 무슨 지시가 있는가 보다 하고 그 병사 뒤를 따라갔다. 그 병사는 소대막사를 떠나 조금 멀리 있는 철책선 근처의 공터로 갔다. 공터에는 우리 소대원 전부가 부동자세로 일렬로 서 있다.

상남 보병훈련소의 한 교관이 말한 게 기억났다.

"니놈들 실무에 가면 여기서 훈련받을 때가 그리울 거여."

좀 있더니 한 상병이 나와서 요새 기합이 빠졌다며 맨 위의 병사부터 주먹과 발을 날리며 내려오는데 그 시간이 길게 느껴졌다. 이날 나는 실무부대에서 처음으로 집합을 경험했다. 그 다음날 밤은 또 다른 상병이 벙커에다 우리를 집합시키더니 주먹을 날린다.

서부전선의 야간철책선은 적막감과 가로등의 하얀 불빛으로 신비감을 느낄 정도이다. 북한과는 한강 하류의 서해바다를 놓고 대치하는데, 야간에는 철조망을 끼고 30미터 간격으로 가로등 불빛이 환하게 비추고 있다. 반면 북한은 불빛 하

▲ 서부전선에서 적의 야간 해안침투 방지를 위해 병사가 철책선 경계초소로지로 가고 있다.

나 없는 암흑 속에 묻혀 있다.

이 걸 보더라도 우리는 방어전략이다. 즉 우리 지역으로 적이 침투하는 걸 방지하고자 밤새도록 불을 밝히고 있다.

야간철책선 경계근무는 "서부전선 이상 없다"가 새겨진 작은 패찰을 다음 초소로 전달해 주고 다시 되돌아오는 반복적인 근무이다.

대개 고참 1인과 졸병 2인의 3인 1조로 해서 제일 졸병이 패찰을 다음 초소에 전달하고는 다시 돌아온다. 이렇게 패찰을 계속적으로 돌리는 이유는 경계임무 중 조는 걸 막고 순찰 역할도 하기 때문이다.

그날의 야간경계도 평상시처럼 패찰을 들고 다음 초소에

갔다. 그 초소엔 우리 소대가 아닌 화력지원 소속인 상병 하나와 졸병 하나가 있었는데 상병은 졸고 있었다.

하는 수 없이 같은 처지의 졸병에게 조용히 패찰을 주고 돌아서는데 "임마!" 하는 소리에 얼굴을 돌리는 순간 언제 깼는지 상병의 일격이 얼굴에 날아왔다. 단 한 방에 별이 몇 개나 보이는 걸 보니 주먹이 쇠뭉치다.

한참 맞다 눈을 떠보니 매큼한 풀내음이 코를 간지럽힌다. 어둠 속의 적막과 공포감에 떨며 일어서서 총을 찾아보니 풀숲에 박혀 있다.

그 상병에게 다시 경례를 붙이고 원초소로 되돌아오는데 눈물이 핑 돈다. 이제 겨우 군대생활 3개월 했는데 이 상태로는 앞으로의 31개월을 도저히 견딜 자신이 없다.

그 다음날 부산이 집이라는 1기(1달) 선임인 박 수병에게, "박 수병님, 여기 생활을 도저히 못하겠습니다"라고 하소연했다.

박 수병은 경상도 특유의 사투리로,

"임마야, 니는 빽도 없나? 빽 써서 좋은 데로 가구마."

맞아, 빽을 몰랐다. 즉각 아버지에게 편지를 띄웠다. 한마디로 빨리 편한 데로 빼달라는 죽는 소리였다. 얼마 후 아버지의 편지가 날아왔는데 대만족이다. 편지에는 이 애비가 진해 해병훈련소장인 김 장군과 친구이니 조금만 더 고생하면 아주 좋은 곳으로 빼준다는 거다.

야호! 아버지 만세다. 대한민국 해병대 김 장군님 만세다! 난 곧 여길 뜬다. 니들은 여기서 빡빡 기다 제대해라.

근디 이상하게도 우리 대대가 후방 예비대대로 이동하고, 다시 10월 1일 국군의 날 서울 여의도에서 박 대통령 및 귀빈들에게 열병식을 끝내고 귀대하는 5개월이 넘도록 아버지로부터 영 소식이 없다.

날씨가 매우 추운 겨울의 어느 날이었다. 무거운 정적 속에 당직병의 호루라기 소리가 귀를 때린다.

"11중대, 지금 병사 떠나면 팬티 바람에 연병장으로 총원 집합한다."

"총 - 병사 떠나아 -."

오늘도 낮의 고된 훈련으로 잠에 빠져있던 병사들이 빠른 동작으로 팬티 하나만 걸친 채 연병장으로 달려간다. 전우들이 허연 입김을 내뿜으며 오와 열을 맞춘다.

매서운 겨울바람에 온몸이 칼로 긋는 고통 속에 "으-드-득-으-드-득-" 전우들의 이빨 부딪치는 소리가 유난하다.

조금 후 진눈깨비 휘날리는 눈보라 속에 나타난 중대장이 손전등을 얼굴에 바싹대고 일장 훈시를 한다. 깜깜한 밤 손전등에 비친 중대장 얼굴이 마치 하얀 반달귀신 같다.

사람은 환경의 지배를 받는 동물이란 말이 딱 맞는다. 무인도에 가면 죽을 것 같지만, 실상 가면 그 나름대로 그 환경에 적응하며 악착같이 살 수 있는 게 인간이다. 나도 시간이 가니 아버지의 빽은 잊어버리고 빽 없는 비슷한 처지의 전우들과 군생활을 잘 해내고 있었다.

TV는 물론 라디오와 신문이 없는 세상, 오로지 짬밥 한 덩이와 콩나물국만 먹는 세상, 들리는 것은 아침 기상 호각소리와 끊임없는 전투훈련, 살벌한 순검과 집합을 잠시나마 벗어나는 길이 휴가이다.

12월 10일날, 군 입대 후 9개월 만에 처음 가는 휴가라 무지하게 떨리고 흥분되었다. 군인이라면 누구나 겪는 첫 휴가지만, 그 설레임은 신혼 첫날밤과 비교해서 절대로 뒤지지 않는다.

첫 휴가라 경상북도 봉화군 소천면 석포리에 계신 부모님께 갔다. 인천에서 사업을 하다가 잘못되어 두 분만 여기 와서 경기여인숙을 경영했다.

난 아버님께 "충성!" 힘차게 경례를 올리고 따뜻한 방에서 세상에서 제일 편한 자세로 휴가 첫날밤을 보냈다.

야! 그놈의 기상소리 안 들려 살 것 같구먼.

"병사, 떠나아 - 5분 전."

어서 떠나보더라고, 국가에 충성하고 훈련에 충실해야 참 군인인겨. 전우들은 지금쯤 연병장에서 훈련받느라고 뺑이 치고 있겠지. 난 요로콤 뜨뜻한 이불 속에서 늘어지게 자고 있는디.

아침을 먹으면서 우연히 생각나서,

"아버님요, 아버님 친구라는 진해 해병훈련소장인 김 장군님에게서 연락이 아직 안 왔습니까?"

아버지는 수저를 멈추고 얘가 갑자기 무슨 낮도깨비 소리인가 하고 뜸한 얼굴을 하시더니 그제서야 생각났다는 듯,

"김 장군 말이지. 이 촌구석까지 온 애비가 무슨 빽이 있겠냐? 니가 죽겠다고 해서 한번 해본 소리지!"

쩝! 그러면 그렇지 빽이란 게 어디 컵라면처럼 물만 부으면 즉각 먹을 수 있는 거냐고…. 다 가문의 역사와 문화, 그리고 무엇보다 엽전이 풍부해야 빽이 생산되는데 내가 순진한 놈이었다.

여하튼 난 처음 신고한 해병 제2여단 3대대 11중대 1소대에서 소총수, 부사수, 사수, 조장까지 다 해먹고 5대 장성(대

장, 중장, 소장, 준장, 병장)으로 만기 제대했다. 무려 32개월이나 걸린 기나긴 여정이었다. 그것도 대학교련 2개월을 겨우 혜택 받아서이지 아니었음 34개월이었다.

딴 얘기지만 난 우리 사회에서 병장 출신이 많기를 바란다. 공익요원이든 병역특례든 병역면제든 다 좋다. 그러나 사회에 나와 보니 이 나라 국가안보를 위해 기나긴 세월, 라면 몇 개 사먹으면 없어지는 월급(73년 일병 월급 550원)에 짬밥 한 덩이를 먹어가며 전투훈련을 받았다는 자긍심보다는 무지하게 손해를 봤다는 심정은 나만의 느낌일까?

최근 헌법재판소에서 공무원 시험에 군 제대자에게 주던 몇 점 안 되는 가산점을 폐지하지를 않나, 대선쟁점으로 병역면제 문제가 불거져 온 나라가 한동안 시끄럽다. 유명 연예인과 선수에서 병역 의혹이 연중행사처럼 터지고, 머나먼 타국 월남에서 목숨 걸고 싸운 선배군인들이 고엽제로 인한 아픈 몸을 이끌고 보상 좀 해달라고 데모를 한다.

양심병역기피의 정당성을 논하고, 인터넷에서는 '군대 안 가는 요령' 사이트까지 만들어서 배포하고, 최근엔 이상한 졸병지침을 만들어 보이스카웃이 아니냐는 말까지 들린다.

이젠 병사 간 사적 명령을 하면 안 되고, 선임을 아저씨니 형님이니 부르고 있다는 기사를 보면 군대를 뭘로 만들자는 건지 모르겠다. 군대는 친목단체가 아니다. 적과 싸워 죽이거나 죽거나의 한 가지 선택밖에 없는 군인에겐 위험한 군인문화가 필요하고 우리 사회는 그 문화를 존중해야 되지 않을까?

훈련병의 죽음

군 복무시 더위가 한창인 여름의 어느 날이었다. 고참이라고 신병훈련 중 사고로 죽은 방위병의 영안실 근무자로 차출되었다. 1974년에는 1년 미만의 방위 입소자들을 지역부대의 연병장에서 신병훈련을 시켰는데, 우리 부대 하사관(현 부사관)이 김포와 강화 지역에 거주하는 방위를 훈련시켰다.

단독무장으로 달려갔더니 영안실은 산 밑에 임시로 대형텐트를 쳐서 만들었는데 훈련병 4명이 누워 있다. 사인은 훈련 중 물에 들어갔다가 심장마비사로 보고 있다. 영안실에서 내가 하는 일은 향이 꺼지지 않게 계속 피우고 보초를 서는 것이었다.

밤의 고요한 적막 속에 촛농이 슬프다는 듯 흘러내린다.

나나 죽은 자나 우리는 방금 전까지도 신성한 국토방위의 의무를 위하여 땀 흘리던 군인이었다. 누워 있는 망자의 평소의 옷은 지저분한 훈련복이 아니라 깨끗한 군복으로 갈아 입혔다.

익사자라 그런지 눈에서 핏물이 흐르고 솜으로 틀어막은 콧구멍과 귓구멍에서도 방울방울 핏물이 맺혀있다. 촛불이 미풍에 흔들거릴 때마다 몸이 움직이는 것처럼 보였고 지금이라도 "나 안 죽었어!" 하며 불현듯 일어날 것 같다.

난 부들부들 떨면서 향불이 꺼지지 않도록 연신 불을 붙였다. 정말이지 이 향불만 없었으면 텐트 밖에서 근무하고 싶건만 왜 그리도 빨리 타는지 연신 향을 올렸다. 죽은 자를 안 보려고 천장을 쳐다보지만 자꾸 죽은 자에게 눈이 갔다. 피만 흐르지 않는다면 오늘 하루의 고단한 훈련을 끝마치고 꿀맛 같은 수면을 취하는 군인처럼 보였을 것이다.

우리는 전생에 무슨 업보가 있었기에 산 자와 죽은 자로 만나야 되는 건가? 너는 어디서 왔으며 나는 또 어디로 가는가? 군인이라면 의당 전쟁터에서 싸우다 죽는 게 명예로운데 전쟁터도 아닌 이곳 훈련장에서 죽어서야 되겠는가?

밤 12시쯤 사고 연락을 받은 유가족이 왔다.

흰옷을 입은 한 아주머니가 남자의 부축을 받으며 들어왔다. 2번째 시신 앞에 가서 얼굴을 확인하자마자 털썩 주저앉고는 목 놓아 통곡한다.

이어서 얼굴을 어루만지며,

"아이고, 얘야, 눈 좀 떠봐. 어미가 왔다."

계속 울다가 혼절하자 같이 온 남자가 부축하여 나갔다.

1시간 후 또 다른 유족이 달려왔다. 머리가 좀 흰 아주머니였는데 텐트 안의 시신을 확인할 틈도 없이 덩실덩실 춤을 춘다. 사람이 갑자기 큰 충격을 받으면 저런 행동이 나온다고 누군가 중얼거린다. 죽은 자는 말이 없으나 그를 키운 부모는 청천벽력이다.

정말 우리 인생에서 태어날 때부터 각자의 죽음의 시기가 미리 정해져 있는 건가? 비록 정해졌다 하더라도 그 시기는 하나님만이 알고 계시겠지.

「하늘 아래서 벌어지는 무슨 일이나 정한 때가 있으니, 날 때가 있으면 죽을 때가 있습니다.(마태복음 25:13)」

국가 유공자 얘기가 나왔으니 하는 말인데, 일제강점기 때 빼앗긴 국가를 찾겠다고 만주 벌판에서 굶주림과 추위 속에서 독립투쟁을 하다 돌아가신 분들이 있다.

6·25사변 땐 공산군에 밀려 부산까지 내려간 풍전등화의 국가를 살리겠다고 산화한 수많은 국군병사들이 있다. 또 머나먼 땅 월남의 공산화를 막기 위해 열사의 정글 속에서 용감히 싸우다 죽어간 파월병사와 휴전 후 지금까지 국가의 안위를 수행하다 생명을 잃은 많은 국군병사가 있다.

그 부모님은 그들을 잃고 얼마나 큰 아픔을 겪었을 것인지, 나도 자식이 있어서 알 것 같다. 우린 그동안 그들의 숭고한 희생을 얼마나 기억하고 무엇을 해왔는지 깊이 반성해야 한다. 국가를 위하여 단 하나뿐인 귀중한 생명을 기꺼이 바친 그들의 희생정신을 기억하고 존경할 때만이 국가가 바로 설 수 있다.

지난번 2차대전사 다큐멘터리에서 미국과 일본의 참전군인들이 태평양의 미드웨이 해전지에서 숨진 전우들을 위한 추모기념식을 가졌다. 미군과 일본군의 노병들이 전쟁이 끝난 지 50년이 넘었건만, 흰 백발을 날리며 각자의 조국을 위해 죽어간 전우들을 애도하며 바다에 꽃다발을 던지던 장면이 너무나 감동적이었다.

보수와 진보를 떠나서 나라를 위해 가신 님들의 숭고한 희생을 일깨워주는 국민적인 기념식 하나 없는 나라가 정상인가?

지금 이 시간에도 국가와 민족을 위해 목숨 걸고 일할 테니 한 표 달라는 정치인의 구호소리가 왜 멀게만 느껴지는 걸까?

모기 우는 소리

1973년 초 진해에 있는 해병훈련소에 입소하기 위하여 하인천역에서 기차를 타고 저녁 무렵에 진해역에 도착했다. 역 근처의 허름한 여인숙에서 1박을 했는데 아직 입소도 안 한 우리들에게 행동이 굼뜨다고 인솔병이 앞차기를 날린다.

해병훈련소에 입소 후 태어나서 처음 먹어보는 국방부 식사는 노란 플라스틱 식판에 밥과 국뿐이었지만 먹을 만했다. 키가 좀 크다는 이유로 운 나쁘게 우리 소대의 식기운반조에 걸렸다.

힘든 훈련을 신나게 받던 어느 날이었다. 저녁을 먹고 난 후 동기들의 식기를 모아 취사장에 반납하려고 갔더니 런닝구만 걸친 취사병이,

"임마! 양말 좀 빨아."

취사병이 넘겨준 양말 3켤레를 정성을 다해서 빨아 주었더니, "니 배고프지?" 하더니 큰 쟁반에다 삽으로 밥을 퍼주고 이어서 국 한 국자를 퍼준다.

방금 저녁을 먹고 식기를 반납하려고 온 놈이 먹으면 얼마나 먹겠냐만 밥 욕심에 쭈그려 앉아서 퍼먹는데 아무리 먹어도 밥이 남는다. 근데 갑자기 기분이 묘해지면서 귀에서 "엥-" 하는 모기 우는 소리가 들린다.

그래서 밥을 조금 남겨둔 채 일어서는데 목구녕에서 밥알 3개가 넘어온다. 본능적으로 먹다 보니 밥이 목구녕까지 꽉 찬 걸 몰랐다. 조심스럽게 간신히 일어서서 병영까지 가는데

300m도 안 되는 길이 오늘 따라 무지하게 멀다.

밥이 목구녕까지 찬 놈의 걷는 모습을 본 적 있는가? 목은 앞으로 내밀고 엉덩이는 뒤로 쭉 빼고 배를 부여안고 구부정한 몸으로 한 발 한 발 살며시 걷는다.

온몸이 괴로운 건 기본이고, 몽롱하게 붕 뜨는 기분에다 헛구역질까지 나는 그 묘한 신체적 고통을 어떻게 설명해야 할까?

돼지고기 고만 먹여라

신병훈련소를 마치고 간 경기도 김포의 실무소대에서는 하루 3끼는 기본으로 먹지만 식사는 양은그릇에 밥과 국 2개뿐이었다. 밥 양도 적었지만 국도 형편없다.

군대 오기 전 경북 봉화군 소천면 석포리역에서 서울 오류동역까지 영풍 아연괴를 화물차로 운송하는 아르바이트를 했었다. 우연히 같은 일을 하는 60년대 해병대 중사로 제대했다는 아저씨를 영주역에서 만나 함께 동행했다. 그분 말씀 중 탈영병의 많은 원인이 훈련이나 빳따가 아니라 배가 고파서라고 들은 적이 있었다.

먹는 게 60년대 군대 시절보다 많이 나아졌다고는 하지만 배고픈 건 어쩔 수 없는 현실이다. 게다가 국은 아주 어쩌다 도루묵이 나오지만 1년 12달 콩나물국, 미역국, 배춧국이다.

"콩나물국은 시원하지?"라고 반문하는 독자도 있겠지만 거 이상하게도 사회에서는 술 먹고 나서 속풀이 한다고 먹는 콩나물국은 그렇게도 맛깔이 있는데, 군대 콩나물은 길고 털이 많이 난데다, 질기고 맛도 없다. 또 미역은 어찌나 딱딱한지 이빨이 아플 정도다.

1년에 한번 오는 설날에는 돼지고깃국이 나오는데 이게 졸병 죽인다. 꼴에 돼지고깃국이라고 멀건 기름이 둥둥 뜨지만, 돼지고기라곤 손톱만한 하얀 비곗덩어리가 열 개 정도 뜬다. 그러면 식사조장이 건져서 2개씩 분대장(지금 부사관)부터 배급을 하면 상병 정도까지 비계 맛이나마 볼 수 있다. 일개 소대가 보통 20명 정도니 3/4이 비계맛도 못 보고 기름국물만 들이킨다.

게다가 추운 영하의 겨울날 졸병 둘이서 개울 얼음물로 20명 분의 기름 묻은 식기를 지푸라기에 모래를 묻혀 닦으려면 손마디 마디에 감각이 없는 건 물론이고 욕이 절로 나온다.

"국방부 시펄 X들아! 제발 돼지고기 좀 먹이지 마라."

지나가는 민간인이 들으면, "야! 군대 좋아졌네. 돼지고기를 얼마나 처먹였으면 저런 소리가 나오겠어"라고 할지 모르

겠다.

또 어쩌다 일요일날 점심에는 라면이 나오는데 라면 굵기가 진짜로 아기들 손가락만하다. 알고 보니 한 번 끓인 라면을 찬물로 불려서 두 번 끓이다 보니 탱탱 불은 데다 풀떡이 되는 바람에 숟갈로 퍼먹어야 한다. 허긴 없어진 라면만큼 라면을 왕창 불려야 하는 취사병의 고민을 이해해야지.

그 당시에는 국가재정도 어렵겠지만 돼지가 오는 동안 여기서 싹둑, 저기서 싹둑 잘라가노라면 나처럼 최말단 소총부대에 있는 병사들은 비계국물만 먹을 수밖에 없다.

솔직히 얘기해서 강군의 기본원칙은 잘 먹여야 한다. 주린 배를 가지고서는 절대로 강군이 될 수가 없다. 나 역시 군대에서 욕과 몽둥이는 군대려니 참을 수 있었는데 밥 도둑놈한테는 분노가 치밀었다.

물론 우리나라처럼 징병제에서는 미국군인처럼 잘 먹을 수야 없겠지만 최소한 하루 1끼는 장교와 병의 계급에 상관없이 같은 음식을 먹어야 한다는 게 내 논리이다.

독자들도 잘 생각해보시라. 전투를 하면 최일선 고지로 달려가 적군과 육박전을 벌이는 병이 잘 먹어야 하는가? 아니면 후방에서 칼처럼 잘 다려진 군복을 입고 작전지도에 빨간 볼펜으로 밑줄 긋는 고급장교가 잘 먹어야 하는가?

왕고문관

신병 훈련병 시절 덕산사격장 사선에 올라갔다. 매캐한 화약내가 코를 찌르는 사선에선 우리보다 먼저 올라간 훈련병들의 사격소리가 요란하다. 보통 한 줄에 30명 정도가 쏘는데 빨간 모자를 깊숙이 눌러 쓴 조교가 훈련병 뒤에서 감독한다.

녹황색으로 반들거리는 총알을 처음 지급받았을 때의 희열감은 아마도 내게 사람을 죽일 수 있는 막강한 힘이 있기 때문이다.

난 2차대전 때 쓰던 M1 소총의 노리쇠를 열고 일발 장진 후 2열에서 기다렸다. 잠시 후 통제장교의 카랑카랑한 명령이 확성기로 울린다.

“1열 사격 준 - 비.”

근디 2열에 있는 내가 방아쇠가 신기해서 살짝 당기는 연습을 하는 순간 "타-앙!" 총알이 발사되었다.

그 순간 저 멀리 빨간 모자를 쓴 조교가 눈깔을 부라리며 달려왔다.

"이 고문관 새X, 누굴 죽이려고."

욕설과 함께 발길질이다. 나중엔 그것도 부족하여 사선에서 끌려 내려와 원산폭격으로 연병장을 반 바퀴나 구르다 보니 머리가죽이 반이나 벗겨져서 시뻘겋다. 정말이지 허락 없이 총 한번 쏜 죄 치고는 혹독한 처벌을 받았다. 총구가 하늘을 향했기에 망정이지 전우를 향했으면….

진해훈련소를 끝내고 상남보병의 후반기교육을 마친 후 배치된 실무부대는 김포의 해병 제2여단 3대대 11중대 1소대였다. 실무부대에 와서 좋은 것은 총이 훈련소의 M1이 아니라 M16소총이었다. 당시 무게가 M1의 반도 안 되는 M16소총을 소지한 부대는 육군의 전방부대와 특전사, 해병대일 정도로 M16소총은 모든 군인들의 선망의 총이었다.

내가 1년에 한 번씩 있는 일주일간의 사격훈련을 받기 위하여 사격장에 간 날은 날씨가 제법 추운 12월 초순이었다. 이렇게 늦은 것은 국군의 날인 10월 1일 여의도에서 박정희 대통령 열병식과 해군에 통합되는 해병대사령부 해체식에 참

여하다 보니 원 부대에 늦게 귀대했기 때문이다.

사격장은 자칫 잘못하면 인명사고가 나기 때문에 군기가 매우 세다. 하루 일과가 총 쏘는 시간보다 사격연습과 기합이 대부분이다. 나도 산봉우리 선착순 기합을 받다가 산에서 구르는 바람에 새끼손톱이 으깨져서 손톱이 떨어진 것도 모르고 뛰었다.

군대에 간 사람이라면 다 아는 거지만 사격의 1단계는 영점조준 사격이다. 25미터 거리에 있는 표적지에(가로 20cm, 세로 25cm) 3발을 쏴서 최소한 5센치 내에 3발이 몰려있어야 합격이다. 근데 내가 쐈다 하면 표적지엔 1발의 총알구멍만 있을 뿐 2발은 맞은 흔적이 없다.

그럴 때마다 사격장 조교는,

"이 새X는 3발에서 2발이나 날렸어. 진짜 고문관 나왔네."

이어서 혹독한 기합이 따랐지만 표적지에는 계속해서 1발만 들어간다. 나를 포함해서 영점조준 사격에 불합격한 병사는 계속 뺑뺑이를 돌리지만 결과는 나만 불합격이다.

"으메. 죽겠는 거. 왜 이리도 안 맞는다냐?"

사격통제장교의 총 잘 쏘는 말씀,

"가늠쇠 위에 목표물이 정조준되면 여자 유방을 만지듯이 방아쇠를 살며시 당기면서 잠시 호흡을 멈추고 당긴다."

사격통제장교의 명령대로 여자 유방 만지듯이 방아쇠를 당겼건만 3발 중 또 2발이 날아갔다. 조교는 1발만 뚫린 표적지로 내 얼굴을 때리면서 소리친다.

"야, 이 고문관 새X야. 돌로 던져도 맞겠다. 그 자리에서 박아."

원산폭격을 하면서 반성 또 반성을 했건만 왜 안 맞는지 이유를 알 수가 없다. 보다 못한 조교가 내 총을 뺏더니 표적지를 향해 본인이 직접 3발을 쏜다. 내가 달려가서 표적지를 뜯어보니 명사수라는 조교도 3발 중 1발만 맞았을 뿐이다.

알고 보니 내 총은 월남전에서 너무 많이 쏜 총이라 폐기 직전의 총이었음에도 불구하고 한국으로 가져온 총이었다.

"에이, 그러면 그렇지. 죽어라고 안 맞는 이유가 있었구먼."

무엇보다 내 맘을 아프게 한 건 폐기 직전의 썩은 총으로 인해 기합받은 억울함보다 그놈의 '고문관' 단어였다.

"내가 왜 고문관이여요? 나 고문관 아녀요."

여기서 잠시 고문관이란 단어의 발생과정을 알아보자.

해방 후 우리 국군의 사단과 연대엔 미 군사고문관이 한두 명씩 파견되었다. 이들 고문관은 작전부터 물자지원까지 한국군을 도왔다. 그러나 한국의 군대문화에 익숙지 않은 관계로 인해 가끔 고문관의 엉뚱한 행동이나 말이 한국군을 웃기게 했다. 그래서 같은 한국군 전우들 중 행동이 굼뜨거나 맹한 짓을 하는 자가 있으면 '고문관'이라고 놀렸다고 한다.

그러나 여기 고문관으로 인해 행운을 잡은 실화가 있다.

때는 한국전쟁 중 한 치의 땅을 놓고 뺏고 빼앗기는 공방전이 절정인 1950년 말이었다. 한 병사가 있었는데 이 병사는 길거리에서 헌병에 잡혀 강제로 징집된 병사였다. 집이 첩첩산중의 두메산골에서 농사를 짓다가 읍에 볼일이 있어 잠시 나왔다가 징집되었단다.

나이가 30대 초반에다 지능지수가 매우 낮아 입대해서는 안 될 사람이었지만, 북한 인민군이 부산까지 쳐내려오는 백척간두의 위급상황에서 그걸 따질 계제가 아니었던 모양이다.

이 병사 하는 행동이 하도 엉뚱해서 소대장이 전속당번병까지 붙여서 군대생활을 돌보게 할 정도로 왕고문관이었다. 오죽하면 휴가 보낼 때 길을 잃어버릴까 봐 당번병까지 붙여서 같이 갔다 오게 했으니 소대장의 고충이 얼마나 컸으랴.

그래서 상부에다 군생활 부적격자로 품신을 올려서 조만간 제대를 시키려고 했다. 그러나 아쉽게도 적과의 치열한 야간전투 후 이 병사가 없어졌다. 소대장은 상부에다 '행방불명 포로로 잡힌 것'으로 추정된다고 보고했다.

그 병사가 없어진 지 한 달 후에 적 진지에서 이병사가 기다란 깃대에다 흰 천을 매달고 아군 진지로 넘어왔다. 그것도 번쩍거리는 군화를 신고서 떡까지 한 보따리 가지고 왔다.

어리둥절한 소대장이 도저히 이해할 수 없다는 듯 물었다.

"어떻게 된 거냐?"

"인민군 장교가 떡을 싸주면서 제발 남조선공화국에 가서 행복하게 살라고 싹싹 빌더라고요…."

미혼 시절

월하의 공동묘지

직장생활 2년차일 때 후배의 초등학교 동창생이라는 여자를 소개받았다. 그 여자를 보니 몸매도 늘씬하지만 생머리가 허리까지 휘날리는데 완전 한 폭의 그림이다.

야호! 그녀의 아버지가 이 몸을 사윗감으로 콕 찍었단다. 그리고 내가 젤 좋아하는 멍멍이를 그것도 통째로 한 마리 잡았으니 먹으러 오란다. 다음날 인삼주 한 병을 들고 장인 집으로 달려갔다. 장래의 마누라감인 숙이는 그날따라 어찌나 아리따운지, 하늘나라 선녀가 같이 놀자고 할 정도다.

장인도 흐뭇해하시면서 개고기를 안주 삼아 주거니 받거니 하다 보니, 인삼주는 벌써 동나고 소주병을 2병째 까고 있다. 아니 근데 조금 전까지 옆에서 생글생글 웃던 숙이가 당최 안 보인다. 화장실에 갔다 오면서 숙이를 찾았는데 전통 한옥집이라 숙이가 어디 있는지 감이 안 잡힌다.

어쨌든 숙이가 있음직한 방문을 열었는데 "으악!" 소리가 절로 나오고 식은땀이 쭉 흐른다. 어두컴컴한 골방에서 긴 머리칼에 허연 이빨을 드러내고 개머리를 아드득 뜯고 있는 저 여자는 누구인가? 마치 월하의 공동묘지에서 허리까지 내려온 긴 머리칼에 파란 눈빛을 발하며 시체를 뜯어먹고 있는 여자귀신이 아니고 무엇이랴?

나도 엄청 놀랐지만 숙이도 얼마나 놀랬는지 "어머나!" 하며 먹고 있던 개머리를 떨어뜨렸다. 우리 숙이가 개고기를 얼마나 좋아하는지 개머리를 달랑 들고 혼자 골방에서 몰래 먹다 딱 걸린 것이다.

그 모습을 보니 방금 맛있게 먹은 개고기가 울렁거리다 못해 목구녕까지 올라온다. 그리고 지금까지 선녀로만 보이던 숙이의 머리가 개대가리로 보이고, 숙이의 앙증맞은 이빨에 코를 물린 멍멍이가, "에구, 아퍼요 살살 먹어요!"라는 멍멍이의 고통스런 환상까지 보인다.

멍멍이 후유증으로 며칠간 조용하게 살았더니 숙이한테서 전화가 왔다.

"잘 먹는 것도 죄냐구요?"

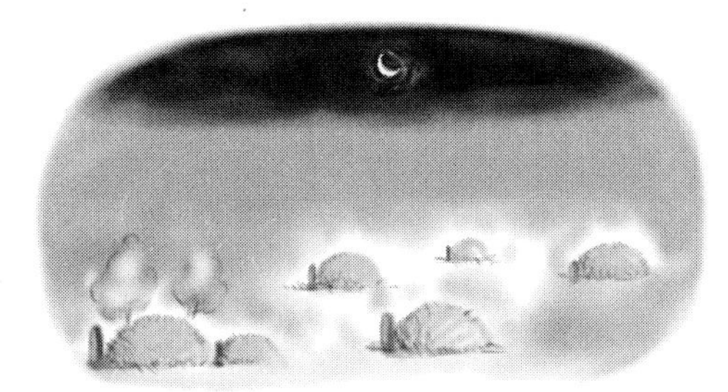

못 먹어도 고

지구에 살고 있는 수많은 민족 중 우리나라 민족처럼 급하고 외골수인 민족이 없는 것 같다. 외국인 노동자가 한국에 와서 가장 먼저 배우는 언어가 "빨리빨리"이고 한 번 사건을 터트리면 죽기 아니면 살기로 돌진한다.

도박도시인 라스베가스의 얘기를 들어보면, 미국 사람은 적은 돈을 가지고 웃으며 잠깐 하다 떠나는데 유독 우리나라 사람은 몽땅 털릴 때까지 한다고 한다.

모 사업가가 일본의 도박게임기를 한국에 들여와서 돈 좀 벌 수 없을까 하고 일본에 갔다가 그냥 왔단다. 그 이유가 한국에 딱 맞는 도박게임기를 발견해서 한국으로 가지고 가기만 하면 떼돈을 버는 건 당근이지만 며칠간 고민하다가 포기했다. 결론적으로 자기는 애국자는 아니지만 우리나라 사람들의 '모' 아니면 '도'로 달리는 기질을 잘 알기에 도저히 그 도박기계를 가져올 수 없었다는 거다.

몇 년 전 여름휴가 때 우리 가족과 큰동서, 작은동서, 큰처남과 친구들 가족이 인천 앞바다에 위치한 덕적도에 놀러 간 적이 있다. 출발지인 연안부두에서 배를 타자마자 나를 제외한 선수들이 선창 바닥에 신문지를 깔고서는 그 당시 한창 유행하던 훌라카드를 시작했다.

도착지인 덕적도 민박에서도 연 3일 낮과 밤을 밥 먹는 시간만 빼고 하는 것도 부족해서 돌아오는 배 안에서야 훌라카드를 끝냈다.

배에서 내리면서 큰동서 왈,

"피서 갔다가 바다는 구경도 못하고 카드만 보고 왔구먼."

정말이지 여자들은 피서 간 게 아니고 남자들 훌라게임을 위해 밥하러 간 거와 진배없다.

또 우리 주변에서 많이 치고 있는 고스톱도 "못 먹어도 고"라는 소리가 난무하고, 가까운 사람끼리 치는데도 어떤 사람이 잘못 내서 독박이라도 쓰면 그야말로 분위기가 험악해진다. 이렇게 우리 생활에 "못 먹어도 고"라는 철학이 지배하다

보니 호미로 막을 사고를 가래로도 못 막는 대형사고가 자주 발생한다.

우리 인생을 살다보면 "고"를 외치기보다는 멈추어야 할 때가 너무나 많고 또 어떤 일은 억울하겠지만 오던 길로 다시 되돌아가야 하는 경우도 있다.

예를 들면 실연을 당했으면 빨리 잊어버리고, 도박에서도 손해 본 건 빨리 털어버리고, 사법고시도 안 되면 다른 길로 가야 되는데 40세까지 결혼도 못하고 계속 매달리는 고시생이 많다고 한다.

우리 인생에서 이 길이 아니다 싶으면 다시 되돌아가는 용기와 지혜가 요구되지만 그게 결코 쉽지 않다는 데 문제가 있다. 그렇다고 무조건 "계속 고"가 나쁘다는 건 아니다. 아주 까집어서 말하면 나도 대입재수 때 재수가 아니라 아주 10수를 하더라도 끝까지 밀어붙여 S대를 들어갔으면 지금보다 더 나은 곳에 있으리라고 생각이 든다.

그러나 우리 인생길에서 대부분의 경우 "못 먹어도 고"의 철학은 이득보다 손해를 가져온다.

내가 군대를 가기 전에는 경인선은 전철이 아니고 일반 기차였는데, 승객 대부분이 인천에서 서울로 통학하는 학생들이나 회사원이었다. 의자도 지금의 기차처럼 서로가 마주보는 의자였는데, 어떤 운 좋은 날은 남녀 대학생이 같이 앉는 미팅룸도 되었지만 난 한 번도 미팅을 해본 적이 없는 멍청이 대학생이었다.

군 제대 후 복학한 1976년에는 기차가 아닌 지금의 전철이 다녔지만, 전철표는 예전의 기차에서 쓰던 마분지로 만든 작은 각대기 종이였다.

전철표를 사면 개찰구에서 역직원이 서 있다가 바리깡 기계로 그 표를 받아 꾹 찍었다. 그러고 목적지에 가서는 출구에 서 있는 역직원에게 주고 나갔다.

그날도 동인천역에서 표를 사고 서울역에서 내리는데, 그날따라 역직원이 많은 사람들의 표를 받느라 정신이 없었는지 내가 주는 표를 받지 못했다. 그래서 표를 버리지 않고 주머니에 넣었는데, 다음날 견물생심이라고 그 표를 한 번 더 써먹기로 했다.

그러려면 개찰구 역직원의 눈을 피해 역 내로 들어가는 것이 급선무다. 난 눈치를 보다가 역직원이 한눈파는 사이 역내로 빠르게 들어갔다. 히! 히! 오늘 자장면 값은 벌었구먼.

난 어제 쓴 기차표를 들고 느긋하게 목적지인 서울역 개찰구의 역직원에게 표를 주고 나가는데,

"어, 잠깐만요. 이 표 못씁니다."

도둑이 제발 저리다고 찔끔했지만 여기까지 온마당에 "당신 말이 맞소. 그 표는 어제 한 번 쓴 표요" 하려면 애당초 이 짓을 안했다.

난 인상을 지으면서 당당하게,

"뭐가 어쨌다는 거요?"

역직원은 내가 지난 차표를 냈으니 요금을 내고 가란다. 내가 어제 쓴 표를 역직원이 어떻게 알았는지 몰라도 일단 기를 먼저 잡아야 한다. 왜냐하면 한국사회에서 제대로 살아가려면 잘잘못을 떠나 일단 목소리부터 왕창 올려야 한다.

"당신 사람 어떻게 보고 이따위 짓이요?"

"나, 방금 군대 갔다 이제 막 복학한 대학생이요. 내가 공짜로 차 탈 놈처럼 보이냐고?"

그런데도 이 역직원은 앵무새를 삶아 먹었는지 계속 못쓰는 표니 요금을 내라고 조른다.

"여보쇼, 내가 겨우 공짜차를 타고 다니는 도둑처럼 보이냐고요?" 그러면서 개찰구 문 밖으로 나가려고 하자 내 옷을 움켜쥔다.

지금이라도 역직원에게 어제 쓴 표라고 고백하고 잘못을 빌까? 아니야 여기서 빌면 뭐 하러 지금까지 생고생하며 버텼냐고.

'에라! 못 먹어도 고다.'

옷 잡은 손을 확 뿌리쳤더니 역직원이 허리띠를 부여잡는다. 난 화가 폭발하여 역직원의 따귀를 올렸다. "짝!" 소리가 나며 역직원이 한 발 뒤로 물러나는데 언제 왔는지 순경 1명과 방범원 하나가 서 있다. 역직원과 함께 파출소에 끌려가면서 '아까 돈을 던져주고 잘못했다고 했어야 하는데….'

이제는 빼지도 박지도 못하는 상황이라 후회가 막심하다. 따귀를 옹골차게 맞아 얼굴 한쪽이 빨갛게 부은 역직원은 이제 폭행죄로 고소하겠다고 길길이 날뛴다. 이거 공짜표 하나 사용하려다가 이렇게까지 사건이 크게 확대될 줄 몰랐다.

에라, 이왕 버린 몸이니 죽이 되든 밥이 되든 끝까지 우길 수밖에 없다.

"순경 아저씨, 역직원이 맞을 짓을 했어요. 나를 무임승차자로 취급했다니깐요."

그러면서 여기까지 온 사연을 차근차근 리바이벌하였다. 덧붙여서 3달 전에 받은 군 제대증까지 공손히 보여주며 국방의 의무를 이제 막 마치고, 복학 준비 중인 대학생인데 뭐가 아쉬워서 가짜 표를 사용하겠냐고 읍소했다. 묵묵히 듣던 순경 아저씨는 내 논리에 수긍이 갔는지,

"가짜 표를 쓸 대학생이 아니구먼. 당신이 잘못 본 거요."

순경은 역직원 보고 이젠 고만 화해하고 빨리 파출소에서 나가란다. 그러면 그렇지, 우리 사회는 무조건 밀어붙여야 이기는 사회란 걸 내가 확실하게 증명한 거다. 무쇠도 뜨거울 때 두드리라고 확실히 이기기 위해서는 역직원을 계속 다그쳐야 한다.

"당신 말이야. 그 따위로 근무하지 말라고. 내가 얼마나 열 받았으면 따귀를 올렸겠냐고?"

내 편을 들어준 고마운 순경 아저씨에게 깍두기 인사하듯이 팍 꺾어 "고맙습니다요, 순경 아저씨!" 하고 파출소 문을 밀고 나가려고 하자 역직원이 앞을 가로 막는다.

"가짜 표 요금을 주고 가야지. 또 폭행죄는 어떻허고?"

"순경 아저씨! 아직도 나를 표 도둑놈 취급하네요."

다시 역직원의 멱살을 잡고 흔들 수밖에 없다.

역직원의 멱살을 잡으려고 손을 올리는 순간 역직원 왈,

"당신, 지금이라도 잘못을 시인했음 용서하려고 했더니 안 되겠구먼."

언제 들고 왔는지 표통에서 아까 내가 낸 표와 딴 표를 집어 들더니,

"이거 아까 당신이 낸 표 맞죠?"

"그래서 뭐가 문제요?"

자세히 보니 기계로 찍은 자국이 내가 낸 표는 네모고 다른 표는 세모였다. 철도청에서 가짜 표가 횡행하니 가짜 표를 가려내기 위해 매일매일 모양을 달리해서 표에 찍는다는 것이다. 그래서 내가 낸 표는 어제 모양의 네모가 찍혀 있고, 오늘 표 모양은 세모가 찍혀 있으니 내가 낸 표가 당연히 가짜란다. 이어서 딴사람들이 낸 표까지 몇 장 집어서 보여 주는

데 전부 세모 모양의 형태뿐이다. 이런 것도 모르고 '계속 고'를 날렸으니 쥐구멍이라도 들어가고 싶은 심정이다.

이걸 지켜보던 순경 아저씨가 입맛을 다시며 말했다.

"대학생이 가짜 표를 사용하고도 부족해서 사람을 때려. 콩밥을 먹어야 정신 차리겠구먼."

"선생님! 지가 잘못 했습니다요. 표가 남아서 한 번 쓴 거지 일부러 쓴 건 아닙니다요."

난 순경 아저씨와 역직원에게 연신 머리를 굽실거렸다.

역무원은 아까 맞은 낯짝을 쓰다듬으며,

"내 생전 당신처럼 얼굴 두꺼운 사람은 첨 보오. 국토방위에 고생한 사람이라 이번만큼은 용서하는 거요."

"감사합니다요. 다음부턴 이런 일이 없을 겁니다요."

에이, 자장면 값 벌려다 이게 무슨 개망신이야. 그러게 우리 인생사에서 '계속 고'는 아무나 하는 게 아니다.

부처님 눈빛

회사일이 끝나자마자 모처럼 일찍 퇴근하려는데 전화가 울렸다.

"야! 나 동묵이야. 오늘 영등포역에서 한잔 어때?"

직급은 다르지만 직장 내에서 몇 안 되는 동갑내기인 데다 집도 같은 방향인지라 가기로 했다.

우린 영등포역 앞의 감자탕집으로 들어갔다. 빛바랜 커튼을 치고 쪽의자 몇 개 놓고 장사하는 곳이지만, 보글보글 끓고 있는 빨간 감자탕이 제법 먹음직스럽다. 막걸리와 감자탕을 주문하여 주거니 받거니 하다보니 도합 3되는 먹은 모양이다. 저녁을 먹지 않아서 그런지 취기가 금방 올랐다. 내 어릴 땐 동네에 흔한 것이 왕대포집이었는데 소득이 높아져서 그런지 요샌 막걸리집 보기가 힘들다.

딱 한 되만 더 먹자고 졸라대는 동료에게 너무 늦었으니 고만 하자고 달래놓고 영등포역에 들어서니 “지금 들어오는 전철은 인천행 막차이오니 한 분도 빠짐없이 타십시오”라는 방송이 흘러나온다.

전철 운행시간대 중 가장 지저분한 전철이 막차행 전철이다. 승객 중 반 이상이 술에 절어 횡설수설한다. 개중에는 내가 방금 전 먹은 게 모두 요거올시다 하며 바닥에 왕창 토해놓고는 반경 1미터를 혼자 차지한다. 오늘따라 이상하게 많은 사람이 막차를 기다리고 있다.

아마도 내일이 토요일이니 다들 가벼운 맘으로 한잔했기 때문일 것이다. 전철 문이 열리자 나를 포함한 줄선 사람들이 밀물처럼 안으로 들어갈 때였다. 누군가 뒤에서 거칠게 미는데 기분이 느끼해 바지 뒷주머니를 만져보니 지갑이 없다. 틀림없이 아까 개찰구에 들어올 때 지갑에서 전철정액권을 꺼냈으니 의당 있어야 할 지갑이 사라졌다. 허긴 월급쟁이 지갑에다 방금 전 술값을 치렀으니 현금이 얼마나 있으랴만 주민등록증과 회사 신분증이 문제였다.

순간적으로 조금 전 나를 거칠게 밀며 따라온 사람이 소매치기라는 생각이 들었다. 사람이 너무 많아 몸 돌리기가 여의

치 않아 "내 지갑!" 소리를 지르면서 왼손으로 뒷사람의 손을 잡았다. 그리곤 몸을 돌려보니 내 손에 잡힌 사람은 30대 중반에 스포츠형 머리의 뚱뚱한 남자였다.

내가 이렇게도 민첩한 행동으로 소매치기 손을 잡은 것은 평소 주위에서 들은 소매치기 얘기가 있어서다. 즉 소매치기는 현행범이기 때문에 범행현장을 잡지 않으면 소매치기가 아무리 "나 소매치기니 잡아 가슈?" 해도 잡을 수가 없다는 것이다.

내가 급한 김에 소매치기 손을 잡았지만 그 손엔 지갑이 없었다. 옳지 소매치기가 나의 번개처럼 재빠른 행동에 놀라 지갑을 바닥에 떨어뜨렸음에 틀림없다. 바로 코앞에 있는 사람에게, "아저씨, 조금만 비켜 봐요" 하고 바닥을 살펴봤지만 지갑은 안 보인다. 그렇다면 벌써 주머니에 넣은 거다.

소매치기 손을 놓자마자 바지 뒷주머니로 돌진하여 더듬었지만 지갑은 없다. 다시 잠바 주머니로 돌진하여 양 주머니를 더듬었지만 역시 지갑이 없다. 여기서 글로 옮기니 시간이 많이 간 것 같지만 이 모든 행동이 5초 안에 이루어진 거다.

그나저나 이자가 소매치기임에는 확실하지만 내 지갑을 가져갔다는 결정적인 증거를 발견 못했으니 난감했다. 그렇다고 다음 도착역에서 밖으로 끌고 나가기엔 이 차가 막차행에

다 지갑을 가지고 있다는 확신도 없어서 망설여졌다.

처음으로 소매치기 눈을 봤다. 눈빛이, "야! 임마, 해볼 테면 해봐. 너 이젠 죽었어!"라는 의미가 담겨 있는 듯했다. 그러고 보니 지금까지의 내 행동이 오로지 지갑 찾기에 혈안이 되어 오버액션을 한 것 같다. 거기엔 평소 술만 좀 먹으면 간이 배 밖으로 나올 정도의 나의 무모함도 한몫한 거다.

조금 냉정을 찾자 소매치기에 대한 무서움이 밀려왔다. 소매치기는 소매치기 현장을 경찰에게 발각되었다고 해서 절대로 항복하지 않고 저항한다는 생각이 들자 오금이 저려왔다. 차라리 지갑 속의 얼마 안 되는 돈은 술 먹은 셈 치면 될 일이었다. 또 주민등록증이나 신분증은 다시 만들면 될 것을 괜히 일을 크게 벌인 것 같아 후회가 막심하다.

이 소매치기는 일자로 굳게 입을 다물고 나의 다음 행동을 기다리고 있다. 이젠 어떻게 해야 하나 생각하면서 한편으로 아까 동료와 헤어질 때를 생각했다. 평소에도 전철에 우산이나 가방을 종종 놓고 내리는 건망증 때문에 술 먹고 나선 미리 조심하는 습관이 생겼다.

가만, 그러고 보니 아까 전철타기 전 평소 뒷주머니에 넣던 지갑을 가방 안에 안전하게 넣은 게 이제야 생각났다. 그래서 부리나케 가방을 열어보니 예상대로 내 지갑이 가방 속에 얌전히 있는 것이 아닌가. 다행히 지갑을 찾은 건 기뻤지만 한편으론 죄 없는 민주시민을 소매치기로 몰다니 너무나 미안했다.

소매치기 혐의자에게 떨리는 목소리로 어렵게 말했다.

"이거 미안하게 됐습니다요. 죄송합니다. 술 먹고서 착각을…. 정말로 미안합니다요."

그 사람은 자기가 소매치기 피의자로 잠시 오해 받았음에도 불구하고 나를 묵묵히 쳐다볼 뿐 한마디의 말도 없다. 내가 부처님 눈빛을 못 봐서 알 수는 없겠지만, 아마도 이분 눈빛이 부처님 눈빛을 닮았으리라고 확신했다.

두만강

오랜만에 신포동에서 친구들과 즐겁게 한잔하고는 동인천역에서 구로행 막차를 타고 부평역에 도착했다. 아까부터 물 좀 빼라는 신호에 응답하고자 부평역 내 공중화장실로 달려갔다. 그 당시는 민자역사 건설 전이라 조그마한 화장실이었는데, 나같이 술 먹고 탄 사람이 많아서 그런지 몇 개 안 되는 소변통마다 사람들이 줄을 서고 있다.

나도 겨우 3번째 소변통에 서서 기다리는데 다들 한잔씩 해서 그런지 화장실 분위기가 봄날의 햇볕처럼 화기애애하다. 우리 줄 맨 앞사람은 50대 중반인데 기분 좋게 한잔 먹었는지 몸을 흔들거리며 두만강을 멋들어지게 부른다.

"두만강 푸른 물에 노 젓는 뱃사공…."

노래 한 곡이 끝날 정도로 싸고 있으니 그 사람도 술깨나 먹었나 보다. 근데 다 누었으면 빨리 뒷사람에게 양보하지 성기가 무슨 장난감인 양 손가락으로 성기에 붙어 있는 오줌방울을 톡톡 털며 두만강을 또 뽑는다.

두 번째로 서 있던 20대 장발 청년이 참다못해,

"아저씨, 고만 털어요."

성기를 털던 사람이 머리를 홱 돌리더니만,

"야! 내 꺼 내가 터는디 니가 왜 지랄이야."

"아저씨, 뒤에 선 사람이 안 보이세요?"

"그래서 임마! 니가 나 사는데 보태준 거 있냐?"

"아저씨가 거지냐고요? 내가 보태주게."

그러자 성기를 털던 사람이,

"이놈 보게나. 너 임마 몇 살이야? 나이도 어린놈이."

장발 청년을 향하여 대뜸 따귀를 올린다. 한국사회의 고질병 중 하나가 지가 잘못하고도 할말이 없으면 "너 몇 살 처먹었어?"라고 소리치는 거다.

드디어 내 차례가 되어 시원하게 오줌을 갈기고 돌아서는데, 이번엔 옆 소변기에서 막 오줌을 갈기던 안경 쓴 중년 남자가 "누구야?" 소리치면서 바로 뒤에 서 있는 30대 초반의 남자 멱살을 잡는다.

안경 아저씨의 말을 자세히 들어보니 오줌을 누고 있는데 뒤에서 누가 자기 성기를 슬쩍 만지고 사라졌단다. 난 이 아저씨가 술에 취해서 뭔가 착각하고 있나 보다 생각했다. 그러나 안경 아저씨 얼굴을 보니 술은 좀 먹었지만 정신은 말짱한 사람이었다.

멱살 잡힌 젊은 남자가 안경 아저씨 손을 뿌리치며,

"아저씨, 이거 놔요. 나 일 좀 보고요."

젊은이가 잠시 일을 보는 순간 안경 아저씨는 친구인 듯한 대머리 사람에게, "너, 누가 내 거 만지는 거 못 봤냐?"라며 물어봤다. 그러나 대머리 아저씨는 고개를 절레절레 흔들며 모르겠다는 듯 떨떠름하게 서 있다. 허긴 안경 아저씨가 일을 볼 때 누군가 뒤에서 여자 손이 아닌 남자 손이 경고도 없이 자기 성기를 슬쩍 만지고 사라졌으니 환장할 일이다.

어쨌거나 일을 다 마친 젊은 남자의 멱살을 다시 잡은 안경 아저씨는,

"임마, 남자답게 솔직히 고백하란 말이야, 너 만졌지?"

"야! 아저씨, 사람 잡네요. 내가 왜 아저씨 걸 만져요."

"내 뒤에 너밖에 없는데 누가 만지겠어? 남자 놈이 할일이 없어서 남자 걸 만져?"

그러나 젊은 사람은 한사코 억울하다는 표정을 지으면서,

"내가 범인이 아니면 어떻게 할 거냐고요?"

"그러면 내가 니 아들이다."

젊은 사람이 거세게 계속 항의를 하지만 안 만졌다는 증거가 없는 이상 피의자 혐의를 벗어날 길은 없다.

안경 아저씨가 젊은 사람이 자기 성기를 만진 범인이 아니냐고 대머리 친구에게 다시 한번 동의를 구한다.

"글쎄, 이 사람 같기도 하고 아닌 것 같기도 하고. 누군가

니 뒤를 가더니 갑자기 사라진 것 같은디."

젊은 사람이 눈을 부라리며,

"아저씨! 만약 내가 범인이 아니면 책임지겠어요?"

실랑이가 오래 되자 누군가 신고를 했는지 역전파출소의 순경 하나와 방범봉사원 2명이 달려왔다. 순경을 보고 안경 아저씨는 마치 원군이 왔다는 듯이 순경에게 친구하고 술 한 잔하고 오는데 누군가 자기를 미행하는 것 같았다고 말한다. 그러고는 소변을 보고 있는데 뒤에 있던 이 젊은이가 자기 성기를 허락도 없이 몰래 만진 놈이 틀림없다고 설명한다.

젊은 사람이,

"오메! 나 죽겠네. 이 망신 좀 보게. 내가 뭐가 좋아서 아저씨 것을 만져요?"

펄펄 뛰더니만 갑자기 손바닥을 안경 아저씨의 코에 바싹 들이밀면서,

"이 손에서 아저씨 꺼 냄새가 나냐고요?"

"야, 내 코가 개 코여? 이 놈이 아직도 오리발이야."

순경과 방범원들도 이 상황에서 무슨 뾰족한 방안이 없는지 난감한 표정을 짓는다.

대머리 친구 왈,

"근데 아까 말이야. 너 일 볼 때 어떤 사람이 맨 끝 화장실

에 들어간 거는 봤는디.”

안경 아저씨는 그제서야 뭔가 감을 잡았다는 듯 젊은 사람 앞에 무릎을 팍 꿇고는,

“몰라 뵙고 죽을 죄를 졌습니다.”

“거 봐요, 내가 범인이 아니라는데. 아까 내가 범인이 아니면 내 아들이 된다면서요!”

젊은이가 하도 다그치자 보다 못한 대머리 친구가,

“젊은 분. 그저 하늘같은 맘으로 용서해주오.”

모든 상황을 파악한 순경이 맨 마지막 화장실 문을 3번 노크했으나 인기척이 전혀 없다.

이어서 순경은 문을 열려고 하지만 안에서 잠긴 걸 알고는 다시 노크하며,

“어서 나와요. 당신 나올 때까지 기다릴 거요.”

그래도 한 1분간 인기척이 없더니 갑자기 문이 스르르 열리며 30대 후반의 남자가 나오는데 밉상이 아니다. 중년 남자의 성기나 만지고 다니는 남자는 보나마나 왕펵에다 꼬질꼬질한 남자란 상상이 깨지는 순간이다.

안경 아저씨는 아까 범인이라고 잘못 본 젊은이에게 당한 망신을 복수라도 하듯이 그 사람 멱살을 심하게 흔들면서,

“잘 걸렸다. 임마! 왜 내 걸 만져?”

안경 아저씨는 흔드는 걸로도 부족했는지 그 사람 가슴을 심하게 쥐어박는데도 이 30대 남자는 묵묵부답이다.

순경이 두 사람을 뜯어말리면서 30대 남자에게,

"당신이 이 사람 성기를 만진 게 사실이요?"

잠시 말이 없더니 다시 한번 순경이 되묻자 아주 작은 목소리로 대답한다.

"네."

그러자 순경은 일단 파출소로 다들 같이 가자고 한다. 그래서 성기 만짐을 당한 안경 아저씨, 범인을 찾는데 결정적 단서를 제공한 대머리 아저씨, 성기 만진 범인으로 몰렸던 젊은이, 성기를 만졌다고 자백한 30대 사람을 연행하였다.

여하튼 그날의 부평 화장실에서 발생한 두만강사건과 성기 사건은 정말 찝찝한 사건이었다.

칼바람

직장 동료가 이사를 한다기에 동료 1명과 도우러 간 적이 있다. 그 동료는 미혼인 데다 하숙을 해서 그런지 짐이 많지 않아 일찍 끝났다. 우리 3명은 점심을 먹기 위하여 동료가 이사한 하숙집에서 멀지 않은 중국집에 가서 간자장을 시켜서 열심히 먹고 있는데 옆 동료가 먹다 남긴 건더기 자장을 뒤적이다 새끼손가락만 한 왕바퀴 벌레를 발견했다.

개미도 여왕벌이 있다는데 바퀴벌레도 여왕바퀴벌레가 있나보다.

그 동료는 카운터에서 TV연속극에 빠져있는 주인 여자를 향하여,

"아줌마, 이리 와보세요."

"왜요?"

"왜요고 뭐고, 이게 뭡니까?"

동료가 젓가락으로 들어 보이는 왕바퀴벌레를 본 아주머니는 기겁하며,

"어머, 어디서 들어간 거지."

아주 미안하다는 몸짓을 하고 나서는 주방장을 향해,

"여기, 간자장 하나 서비스로 추가요."

간자장은 면은 따로 나오지만 동료가 먹은 자장이나 내가 먹은 자장이나 다 한 그릇에서 나온 건데 왜 나는 서비스가 없는 건지 이해가 안 간다. 다음부터는 왕바퀴벌레를 발견하는 즉시 반 뚝 잘라서 내 그릇에다 넣고 소리쳐야겠다.

수인선 활용방안 연구용역을 맡은 동료가 내가 집이 인천이라는 이유로 수원을 경유해서 인천을 가자는 요청이 왔다. 그래서 어차피 집에 가는 길이고 수인선 구경도 괜찮겠다는 생각이 들어 흔쾌히 수락했다.

지금은 없어졌지만 80년대 초 수원과 인천을 오가는 수인선 열차는 협궤로 달리는 꼬마기차로서 꽤나 낭만적인 열차였다. 타본 사람은 알겠지만 장난감 같은 열차가 삐그덕 거리며 가는 게 무척이나 인상 깊다.

노선도 수원을 출발해서 서해안으로 가는데, 간이역마다 인생의 질곡을 겪어 온 아낙네들이 광주리를 이고 담소를 나누고 있다. 수인선의 마지막 종점은 소래역이지만 우린 그 전 역인 송도역에서 내렸다.

동료는 내게 동행해 줘서 고맙다며 저녁이나 먹고 가자고 중국집으로 안내했다. 메뉴는 으레 그렇듯이 자장면을 시켰고 추가로 탕수육을 주문했다. 늦은 저녁이라 그런지 손님은 우리 둘뿐이다.

조금 후 따끈따끈한 탕수육이 먼저 나왔는데 시장기를 느낀 우리는 허겁지겁 먹었다. 근데 이 집 탕수육은 당최 고기 씹히는 맛이 없다. 어쩌다 실수로 고기가 없는 걸 먹었나 보다 하고 다른 탕수육을 집어 먹어도 역시 맹탕이다. 꼭 무슨 풀떡을 먹는 것 같았는데, 나만 그런 느낌을 받은 게 아니고 동료도 같은 표정을 짓는다. 소위 허연 비계로 만든 탕수육임이 틀림없다. 내가 식성이 까다롭지 않기로 소문난 놈이지만 이 탕수육만큼은 진뜩진뜩한 게 영 먹기가 힘들다.

난 주인 여자를 불렀다. 주인 여자는 아주 젊은 여자였다.

"여봐요, 이 탕수육 한 번 먹어보세요. 풀떡도 이것보다 낫겠어요."

그리고는 탕수육 한점을 집어줬다. 주인 여자는 내가 집어

준 탕수육 한 점을 차마 먹지는 못하고 부리나케 주방 쪽문으로 달려가더니,

"손님이 탕수육에 고기가 안 들었다고 난리예요."

우리는 또 이 정도 항의했으면 바퀴벌레 간자장의 주인 여자처럼 이 여사장 역시, "주방장 아저씨, 여기 탕수육 하나 특별 서비스 추가요"를 기대했다.

잠시 후 주방 쪽문이 열리면서 흰 앞치마를 두른 채 뚱뚱한 주방장이 뛰쳐나왔다. 주방장은 왼손에는 시뻘건 돼지고기 한 덩이와 오른손에는 네모난 대형 식칼을 들고 우리 쪽으로 성큼성큼 다가왔다. 바로 내 코앞에 우뚝 선 주방장은 우리를 힐끗 째려보고는 육중한 몸을 시위하듯 흔들거리며,

"누가 탕수육에 고기가 없다고 했소? 여기 이 고기로 만들었는데 고기가 없다고 하니 말이 되냐공."

존댓말도 아니고 반말도 아닌 말투를 뱉으며 왼손으로 들고 있던 빨간색의 고깃덩이를 내 코앞에다 바싹 내민다. 그리고는 오른손에 들고 있던 식칼을 빙빙 돌리며 칼바람을 일으킨다. 번쩍이는 날선 식칼이 머리 위에서 선풍기처럼 도니 마치 조선조 망나니가 사형수를 내려치기 전 혼을 빼듯이 칼을 돌리는 거와 진배없다.

정말이지 이 주방장은 개기름이 번들거리는 들창코로 더운

콧김을 내뿜으며 여차하면 식칼로 요절내겠다는 듯 또 다그친다.

"누구요? 탕수육에 고기가 없다고 한 게. 이젠 주방장 노릇도 못해 먹겠넹, 때려 치든지 해야지."

이거, 탕수육 몇 점 먹으려고 왔다가 칼 맞아 죽으면 그거야말로 개죽음이 아닌게벼?

그렇다고 사나이 대장부 체면에 이제 와서 탕수육 한 점을 씹으며, “탕수육 속에 고기가 들어 있구먼요” 하기엔 자존심이 허락되지 않는다. 그렇다고 언제까지 여차하면 내려칠 것 같은 칼바람 밑에서 부들부들 떨고 있을 수도 없다.

고뇌에 찬 몸짓을 지으며 주방장 아저씨의 눈빛을 보니, “임마! 해답을 알고 있으면서 뭘 망서려!” 하는 것 같다.

에고, 주방장 아저씨! 정답을 말씀드릴 테니 이제 고만 칼바람 좀 멈추시라요, 무서워 죽겠슈.

“사장님, 이 탕수육 잘 좀 싸주세요. 우리 애들이 탕수육을 어떻게나 좋아하는지….”

사람 잡는 어망

모처럼 휴일을 맞아 영종도로 망둥이 낚시를 하러 갔다. 바닷가 비린내가 풍기는 해변가의 조그만 바위에 옷과 신발을 올려놓았다. 수영팬티에 낚싯대와 고기 담는 어망을 걸치고 바닷물에 들어갔지만, 마침 물때가 썰물이라 그런지 망둥이가 한 마리도 잡히지 않는다.

저 멀리 물 빠진 갯벌에서 사람들이 앉아서 뭘 줍고 있는 게 보여서 갔더니 조개를 캐고 있다. 이 지역이 조개양식장임에도 불구하고 사람들이 캐고 있는 건 아마도 양식장 어민이 어디를 갔거나 아니면 모르고 있는 거다.

나도 조개라도 가져가자는 맘으로 열심히 캤더니 금방 어망에 가득 채워졌다. 바닷물은 어느덧 밀물로 바뀌어서 망둥이를 잡기로 했다. 조개로 가득 찬 어망을 수영팬티 끈에 단단히 묶고 낚싯대를 드리웠으나 겨우 2마리만 잡힌다. 더욱이 최근엔 바다오염이 심해서 그런지 망둥이가 많이 사라진 데다, 그나마 잡히는 망둥이마저 눈깔이 하나인 애꾸이거나 등이 활처럼 구부러진 기형어가 가끔 올라온다.

어느덧 밀려오는 바닷물은 갯벌을 다 채워서 저 멀리 육지만 보인다. 밀물이 더 차기 전에 나가야지 더 있다 밀물에 갇히면 큰일이다. 부리나케 육지 쪽으로 나오고 있는데 갑자기 물속으로 잠긴다. 바로 갯골에 빠진 거였다.

골이 얼마나 넓은지 모르겠으나 잠시 헤엄만 치면 이 정도의 골은 쉽게 빠져나올 수 있다. 그러나 오늘은 사정이 다르다. 바로 수영팬티에 단단히 묶여 있는 어망의 조개가 문제였다. 이 조개의 무게로 몸이 갯골 밑바닥에 가라앉아서 빠져나올 수가 없다.

부리나케 허리춤에 묶여 있는 어망 끈을 손감각으로 풀려고 했지만 어떻게나 단단히 묶었는지 풀어지지 않는다. 숨은 막혀오고 고기망은 떨어지지 않고, 잘못하면 죽을 수 있다는 공포감이 엄습했다. 더욱이 물속으로 빠질 때 심호흡도 제대로 못하는 바람에 더욱 힘들다. 호흡이 가빠질수록 손놀림이 빨라졌으나 어망은 떨어지지 않는 데다, 어쩔 수 없이 짠 바닷물까지 몇 모금 삼키니 정신이 아리하다. 이젠 죽는구나 하는데 어망이 팬티와 함께 떨어져 나갔다.

"살았구나"의 감격을 안고 골을 벗어나서 육지까지 걸어 나오는데 어떻게나 힘든지 100미터 거리가 십 리도 넘는 것 같다. 그나저나 어망과 함께 팬티를 잃어버렸으니 옷 벗어 놓은 곳까지 약 300미터 거리를 알몸으로 스트리킹 해야 될 판이다.

한낮의 땡볕 속에 성기를 손으로 감싸고 알몸으로 뛰는 내 모습을 지나가는 남녀가 손가락질 해대며 웃는다. 어떤 꼬마 녀석 두 명은 마치 외계인을 본 듯 쫓아오고 있다.

"저리 가 임마, 어린놈이 죽음 맛을 알아?"

결혼 시절

삼총사와 아이고

병원에 갔더니 만성위염이 아주 심하다는 의사 말씀에 당분간은 술과 담배를 멀리할 수밖에 없다. 그래서 술 먹을 수 없는 처지를 누누이 설명했건만 녀석들은 내가 안 먹으니 분위기가 죽는다고 아우성이다.

"알았다고, 분위기상 딱 한 잔만 할게."

오늘 나를 포함하여 이 자리에 모인 훈이와 진이란 친구는 실로 20년 만에 모였다. 우리 3명은 초등학교 6학년 시절 인천의 같은 동네에서 당시 고려대학교 생물학과에 재학 중이던 윤 선생님에게 과외공부를 했다.

그 당시는 중학교 입시가 치열하여 대부분의 학생들이 방과 후 따로 담임선생님이나 대학생에게서 과외공부를 했다.

초등학교를 졸업한 후 훈이는 나하고 계속 인천에서 같은 중학교와 고등학교를 다녔지만, 진이는 다른 중학교를 다니다 아버님이 갑자기 돌아가신 후 종적을 감추었다.

오늘 우리 세 명은 중학교 2학년의 15살 때 헤어진 후 거의 20년 만인 35살에 만났으니 분위기를 찾을 만도 했다.

그것도 진이를 찾는 과정에서 훈이란 녀석이 더욱 안달이었다. 신문에 광고를 기재하자느니, 주간지에 실어 보자고 틈만 나면 졸라댔다. 마침 친척 한 분이 재직하고 있는 중학교가 진이가 다녔던 중학교여서 진이에 관한 정보는 전부 적어오라고 했다. 그러나 친척 분이 적어온 것은 생년월일, 옛날 주소 정도여서 진이를 찾는데 아무런 도움이 되지 않았다. 하긴 기대를 크게 한 것은 아니었지만 최소한 이사간 주소만이라도 알아오면 훈이와 찾아가기로 약속했던 것이다.

이 사실을 훈이에게 알렸더니 낙담하면서,

“야, 요새 이산가족 찾기 운동을 하니 우리도 한번 이용해 보자구?”

“그렇지, 왜 그걸 몰랐을까?”

모 부처 전산실에 다니는 동창한테 부탁하면 알 것 같다는 생각이 들었다. 내 기대는 적중되어 그 동창한테 진이의 이름과 생년월일을 알려준 지 3시간도 안 되어 지금 사는 장소가 경기도 안양시 ○○번지라고 알려주었다. 그 주소로 훈이가 찾아가서 오늘 이렇게 한자리에 모이게 되었다. 정말이지 20년 만에 만난 모임이니 할 말도 많았다.

진이란 친구는 딸 둘에 안양에서 조그마한 자영사업을 하고 있었다. 녀석은 그동안 살아오면서 고생을 많이 했다며 눈물을 글썽이고는 우리의 만남에 대단히 감격했다. 우린 이제는 헤어지지 말자고 몇 번이나 다짐하면서 훈이와 진이는 뜨거운 감정을 주체 못해 엉엉 울었다.

우리는 신포동 술집이 좁다며 계속 옮겨 다니다 보니 벌써 12시가 넘었다. 이 밤이 새도록 먹자는 친구를 오늘만 날이냐고 간신히 달래고는 헤어졌다.

그나저나 병원에서 약을 먹는 동안만큼은 술을 자제하라고 신신당부했는데 이렇게 왕창 먹었으니 집사람이 깨나 잔소리하겠구먼.

집사람을 보자 난 주먹을 흔들면서,

"오늘 분위기는 술 안 먹으면 안 되는 극적인 순간이었어. 우린 삼총사였다고. 그것도 실로 20년 만에 만난 삼총사라고."

집사람을 보니 이 오밤중에 외출복을 입고는 안절부절못하며 지금 삼총사고 뭐고 큰일 났단다.

집사람 왈, 첫째 형부의 어머님이 오늘 아침에 돌아가셔서 문상가려고 기다렸는데 지금 오면 어떡하냐고 야단이다. 당시는 지금처럼 핸드폰은 고사하고 삐삐도 없던 시절이었다.

가만 있자. 집사람의 큰 언니의 남편의 어머니면 나하고는 무슨 관계인가? 여하튼 내가 결혼하고 나서 처음 들어보는 처남이니, 동서니, 처형이니, 형부니 하는 낱말이 여간 생소한 게 아니다.

시계를 보니 새벽 1시라 차라리 아침 일찍 가서 문상하고 오늘 부산으로 출장가기 때문에 저녁에 오지 못함을 말하기로 했다. 이른 아침 집에서 멀지 않은 큰동서 집으로 가는 택시 안에서 집사람이 묻는다.

"상주에 대한 절차는 알고 있어요?"

어젯밤 과음을 한 데다 잠도 덜 깬 나로서는 귀찮다는 듯 대답했다.

"아니, 그럼 그런 것도 모르나?"

한편으론 과거 내가 문상 갔을 때의 절차를 더듬는데 두 번 문상을 간 적은 있으나 여러 명이 몰려가 무의식적으로 따라 해서 그런지 절차가 아리송하다.

그러나 크게 걱정할 게 없는 게 작은동서가 밤샘을 했을 테니 문상 절차야 잠깐 물어보면 된다. 큰동서 집에 들어서서 작은동서를 찾으니 어제 저녁에 와서 밤새고 아침 일찍 회사를 가고 없단다.

빈소가 있는 방에 들어서니 처형과 동서, 그리고 모르는 한 분이 앉아있다. 가만 있자. 누구한테 먼저 절을 해야 하나? 빈소부터 해야 되는지? 아니면 상주인 동서에게 먼저 해야 되는지가 아리까리하다.

'어머님이 돌아가셨으니 얼마나 슬프시랴?'고 생각되어서 상주인 동서한테 먼저 절을 하려고 허리를 굽히는 순간 처형이 내 등을 탁 치면서,

"빈소부터 해야죠."

난 얼른 자세를 빈소로 바꾸고 나서 향을 피우고 절을 하는데, 절을 몇 번 해야 되는지 또 아리송하다. 예전 문상시의 기억을 더듬어 보니 1번 이상 한 건 틀림이 없는데 2번을 했는지, 3번을 했는지 기억이 안 난다.

내가 빈소에 애도의 몸짓으로 2번째 절을 끝내고 나서 한 번 더해야 되는지 몰라 어정쩡한 자세로 서 있으려니 처형이 등을 툭 친다.

"이크, 이건 한 번 더하라는 암시다."

세 번째 절을 하려고 바닥에 납짝 엎드리는데,

"변 서방, 어서 인나요. 반절을 해야지."

그 소리에 부리나케 일어나 반절을 끝내고 보니 절을 3번

반이나 한 셈이다.

처형은 나의 연발된 실수를 방지하려는 듯, 나를 밀면서 동서 앞으로 자세를 바꾸게 한다. 이번에야 틀림없이 상주한테 절하는 게 맞겠지. 지극정성의 몸짓으로 정중하게 맞절을 하는 순간 처형이 낮은 목소리로 말한다.

"곡을 해야죠."

"곡을 하라니?"

그 짧은 순간 과거 문상을 더듬어 봤지만 곡을 한 것 같지는 않은데 곡을 하라는 처형의 말을 따를 수밖에 없다.

이 기회에 "아이고"를 멋들어지게 뽑아서 그동안 술 한 번 안 샀다고 서먹했던 큰동서와의 관계를 완전 회복시켜야 한다. 난 애도의 감정을 온몸으로 발산하며 "아 - 이 - 고! 아 - 이 - 고"를 힘껏 높였다.

아이고 와중에 곁눈으로 큰동서를 보니 동서는 어이없다는 듯 눈을 똥그랗게 뜬 채 날 쳐다본다. 그렇다면 아까의 곡을 하라는 처형의 말씀은 남편인 동서한테 한 말인 것을 내가 모르고 선창으로 질러댄 게 틀림없다. 등줄기에는 식은땀이 흐르고 쥐구멍이라도 들어가고 싶은 심정이다.

집에 오면서 집사람이 코를 "팽!" 풀면서 하시는 말씀,

"당신, 아이고 하는데 어찌나 구슬프게 우는지 내가 다 눈물이 납디다."

"글쎄 말이야, 아이고를 하고 나니 내 가슴이 왜 이리도 시원하다냐."

참고로 현대인이 알아야 할 조문 절차를 알아보자.

① 외투는 대문 밖에서 벗어 든다.

② 상제에게 목례

③ 영정 앞에 무릎 꿇고 분향

④ 향나무를 깎은 나무향이면 왼손을 오른 손목에 바치고 오른손 엄지와 검지로 향을 집어 향로불 위에 놓는다.

⑤ 만수향과 같이 만들어진 향(선향 : 線香)이면 하나나 둘을 집어 성냥불이나 촛불에 붙인 다음 손가락으로 가만히 잡아서 끄던가 왼손을 가볍게 흔들어 끈 다음 두 손으로 향로에 꽂는다(절대로 입으로 끄지 말 것).

선향은 하나로 충분하며, 여러 개일 경우 모아서 불을 끄더라도 꽂을 때는 하나씩 꽂아야 한다.

⑥ 망자가 기독교 신자라면 묵념 기도를 30초에서 1분 정도 하는 게 좋으며, 아니라면 정중하게 2번 절하고 3번째는 반절을 한다.

⑦ 상제에게는 1번만 절을 하며, 절을 끝나면 간단한 인사말을 한다(절대로 망자가 어떻게 돌아가셨냐고 꼬치꼬치 물어서는 안 된다).

분홍색 루주

모처럼 큰동서, 작은동서, 큰처남, 작은처남을 만나 나이트에서 술을 마시고 있는데, 3명의 여자가 웨이터의 안내를 받으며 온다. 그 중의 한 여자를 보니 2개월 전 친구들과 석바위에 위치한 성인나이트에 놀러갔을 때 본 여자였다. 그때 웨이터에게 돈 만 원을 팁으로 주었더니 웨이터가 억지로 끌고 온 것까지는 좋았는데, 뭐가 싫었는지 친구가 따라주는 맥주 한 컵 마시고는 곧바로 나간 여자였다. 내가 먼저 알아보고 손을 흔들었더니 그 여자는 갸우뚱하더니 나를 알아보고는 반긴다.

그래서 일단 우리 자리에 합석을 시켰더니 묘하게도 동서들 옆에만 앉게 되었다. 그나저나 이젠 놀만큼 놀아 집에 갈

시간이 되었는데도 모두들 도통 집에 갈 생각을 않는다. 큰동서가 옆 여자가 맘에 들었는지, "2차는 단란주점으로."

단란주점에서는 우리 모두가 취해서 비몽사몽임에도 노래 부를 때는 잘도 따라 부른다. 큰동서의 파트너 여자가 흥에 못 이겨 혼자 스테이지에 나가 사시나무 떨듯 춤추고 있으려니 어떤 남자가 다가와서 같이 놀자고 부대낀다.

이걸 본 큰동서가 의자를 박차고 번개처럼 달려 나가서는 그 남자 놈이랑 말다툼하는 것 같더니 멱살잡이를 한다.

"이 새X가!"

고함소리와 동시에 서로 주먹을 날리고 있다. 그걸 쳐다보던 우리가 우 몰려 나가니 저쪽에서 온 남자 일행도 무대로 몰려온다. 드디어 아군과 적군과의 치열한 백병전이 벌어졌다.

남자든 여자든 술 취하면 개라고 정말 별것도 아닌 걸 가지고 모두가 개처럼 열심히 싸우고 있다. 우리나 저놈들이나 데리고 살 여자도 아닌데 왜 죽어라고 싸우는지 한심하다 못해 두심한 놈들이다.

6 · 25사변 때 우리 국군이 야간전투의 고지방어전에서 북한인민군이랑 육박전을 벌였다. 사방이 깜깜하니 아군인지 적군인지 알 수가 없어서 상대방 머리를 만져보고 판단했다고 한다. 즉, 대머리면 인민군인 줄 감지하고 대검으로 쑤시고,

머리가 잡히면 아군이구나 하고 딴 놈을 찾았다나.

여기 단란주점의 육박전은 다들 술 먹고 간 사람들이다 보니 서로가 뒤엉켜서 주먹도 휘두르고 발로도 차보지만, 그게 우리 편을 때렸는지 적군을 찬 건지 알 수가 없다.

눈을 뜨니 집이었는데 어제 그 술집에서 어떻게 나와서 집에 왔는지 전혀 기억이 안 난다. 온몸은 아프고 속은 메스껍고 옷도 어제 입었던 옷 그대로 입고 거실에서 자고 있었다. 그나마 오늘이 일요일이라 계속 자려는데 집사람이 마구 흔든다.

"왜 그래? 더 자자고."

"지금 자는 게 문제냐구?"

집사람의 목소리에 냉기가 나서 억지로 일어났다.

"어제 무슨 일이 있었어? 언니가 지금 난리야."

"왜, 형님에게 무슨 일이?"

전후사정을 알아보니 큰동서가 어제 백병전에서 많이 다친 모양이다. 여자들하고 잘 놀고 헤어졌으면 아무 일도 없이 잘 지나갈 수 있는 일인데 고놈의 육박전이 문제다.

나도 옆구리는 아프고 허벅지에 손바닥만 한 시커먼 멍이 있는 걸 보면 동서와 처남인들 온전할 리가 없다. 우리 남자들 세계에서 쌈이야 할 수도 있는 거지만, 싸움의 발단이 된 고 여자들이 튀어나오면 내가 직격탄을 맞는 게 확실하다. 안 그래도 요새 집사람에게, "요새 밖에 좋은 일이 많은가봐"라고 경고를 받고 있는 상황이다.

손자병법에서도 피하기 어려울 때는 과감하게 정공법으로 가란 말이 있듯이 내가 어제의 상황을 설명했다.

"응, 나이트에서 웨이터가 옆좌석의 여자들을 강제로 합석

시키더라고. 같이 좀 놀다가 큰형님이 2차 산다고 해서 단란주점에 갔다가 거기서 어떤 놈들과 사소한 시비로 쌈이 좀 있었어."

"그 여자 누구야?"

"여자라니? 무슨 소리야."

"같이 앉아서 놀던 여자들이 누구냐고?"

"아니 웨이터가 합석시켜서 같이 논 여자를 내가 언제 봤다고 알아?"

"오호라, 그 여자를 모른다."

집사람은 마치 형사가 범죄 용의자의 증거를 확실히 잡고 취조하는 태도이다.

"입 맞추고 논 년이 누구냐고?"

"입을 맞추다니? 이 사람 보게, 아주 못하는 말이 없구먼."

솔직히 말해서 평소에도 길가다 섹쉬여자를 보면 눈알이 자동으로 돌아가는 내가 어제의 기회를 놓칠 리 없다.

"당신이 그년 루주를 핥아먹었다며?"

"야! 이거 환장하겠네. 누가 그래?"

도대체 나랑 무슨 원한이 있기에 집사람에게 요렇게도 해서는 안 될 얘기까지 몽땅 이실직고 한 작자가 누구냐고?

"그년을 언제 봤다고 안고, 빨고, 핥고, 히히덕이냐고?"

"빨긴 뭘 빨아? 기억이 없는데."

"그년 입술까지 빨 정도면 하루 이틀 사귄 년이 아닌데. 도대체 그년이 누구냐고?"

집사람은 이젠 아주 눈까지 부라리며 달려든다.

집사람이 어제 내가 한 짓을 소상히 알고 있다면 집에 있어봐야 좋을 게 없다. 이럴 때는 그저 36계 줄행랑이 상수다. 아픈 몸을 이끌고 현관문을 나서는데 집사람이 악을 쓴다.

"야! 이 더러운 놈아. 고년 꺼 처먹으러 가냐고?"

"뭐, 더러운 놈이라고?"

집사람이 이젠 아주 막가는구나. 내가 어쩌자고 그 여자의 분홍색 루주 좀 뜯어먹고 이 험한 꼴을 당하나….

「평화와 전쟁은 가정에서 시작합니다. 세상이 평화로워지기를 원한다면 먼저 가족끼리 사랑합시다. 모든 가정이 기쁨을 누릴 때, 그 기쁨은 온 세상으로 퍼져나갈 것입니다.」

— 마더 데레사 —

도마뱀

음식재료 오퍼상에 근무하는 친구로부터 전화가 왔다. 평소에는 코빼기도 안 보이던 놈이 전화했을 때는 바싹 긴장해야 한다.

"해구신 안 먹을래?"

"해구신이라니?"

"물개 성기야. 회사 직원이 어렵게 구한 건데 너에게 제일 먼저 알리는 거야."

친구는 해구신, 속칭 물개 성기에 대하여 너절하게 많은 말을 했다.

주요 내용만 간추리면 진짜 특상품이라는 것과 중공(미수교시 중국 명칭)산이며 값은 시중거래가가 최소 100만 원(85

년도)이나 70만 원에 수입원가 그대로 준다는 것이다.

난 몸보신으로 야생동물을 찾는 사람이 많아 우리나라 야생동물의 씨가 마른다는 뉴스를 볼 땐 무지하게 분개하는 사람이다.

일제 때인 1920년대만 해도 서울 주변에 늑대와 여우는 물론 호랑이까지 출몰했다는데 지금은 깡그리 멸종되었다. 이제는 얼마 남지 않은 야생동물마저 다 먹어치워야 속이 시원한 건지. 제발 남은 동물이라도 잘 보존하여 우리 2세들에게 생명이 숨쉬는 산을 넘겨주자.

그건 그렇고 친한 친구가 내 건강을 위해서 정력제의 황제인 해구신을 먹이려는 우정 어린 태도에 맘이 찡하지만, 한편으론 40세도 안 된 나이에 벌써 해구신을 먹는 것도 우습다.

또 가격도 내 한달 월급과 맞먹기에 사양했더니,

"야! 그럼 네 와이프와 잘 상의하고 내일 전화해."

70만 원짜리 물개 성기의 근수가 얼마나 되는지 모르겠지만 몇 점 씹으면 없어질 것을 상의해 보라니. 자식! 예나 지금이나 일생에 도움이 안 되는군. 친구 전화에 은근히 화가 났으나 한편으론 값만 적당하다면 먹고 싶다.

최근 한국의 40대 사망률이 외국보다 몇 배 높다는 신문기사에 은근히 신경이 쓰인다. 어떻게 보면 내가 성인병 예방을 위한 식이요법에 관심을 두는 자체가 건강에 자신이 없다는 증거이다. 안 그래도 지난번 속이 쓰려 병원에 갔더니 위장은 물론이고 간도 좋지 않단다. 게다가 요새 집사람 반찬이 개판인데다 신경질마저 부쩍 늘어난 걸 보면 밤일마저도 영 시원찮은 게 틀림없다.

어찌 보면 남자란 동물은 무지하게 불쌍한 존재이다. 회사에서는 온갖 생존경쟁에 스트레스가 팍팍 쌓이고, 지친 몸으로 집에 가서는 아침 밥 좀 얻어먹겠다고 조용한 밤에 사력을 다해 올챙이배에 올라가서는 젖 먹던 힘까지 쏟아 붓는다. 그러니 하늘나라로 여자보다 일찍 가는 건 아주 당연하고도 당연하다.

허나 동물세계에서도 대부분의 수컷은 암컷에게 희생적으로 봉사하다 어떤 생물은 몸까지 먹히는 사례를 보면 누구를 원망하랴? 이 다음 나이 들면 속세를 떠나 절간에서 무심으로 살고 싶은 게 나만의 욕심일까?

어쨌든 친구 말대로 그게 진짜 해구신이라면 눈 딱 감고 사먹어 볼만도 하다.

이 나이에 20대를 바라지도 않지만 최소한 30대로 회춘만 한다면야 70만 원이 문젠가? 허긴 내가 회춘할 수 있는 기회는 옛날에도 있었다. 지금에 와서 그걸 놓친 것이 여간 후회스럽지 않다.

군 복무 시절 최전방인 서부전선 철책선에서 근무할 때였다. 휴가 가는 졸병에게 '썬데이' 잡지나 사오라고 했다. 남자들만 설치는 홀애비나라에서 야사시한 여자 그림이나마 감상하는 것은 먹는 즐거움 다음이다.

어느 날인가, 주간 근무교대지인 경계초소로 향했다. 한여름의 따가운 햇살을 받으며 초소지에 도착할 때 길가 풀의 움직임을 느꼈다. 그러한 미세한 움직임의 포착은 군생활 중에 자연적으로 익힌 경계본능이기 때문이다. 긴장 속에 온 신경을 풀숲 쪽으로 집중시키고 보니 움직임의 정체는 바로 도마뱀이었다. 그것도 노오란 황갈색을 띤 손바닥만 한 도마뱀이다.

도마뱀은 나의 정지된 행동을 예의 주시하고 있다. 서로가 눈빛을 튀기며 노려보고 있을 때, 퍼뜩 생각난 것은 하도 많이 읽어서 줄줄 외고 있는 '선데이' 잡지의 한방(漢方)란 내용이었다.

그 한방란에는 도마뱀을 살아있는 그대로 통째로 먹으면 정력에 최고란다. 여자라곤 그림자도 없는 이 홀애비나라에서 변강쇠가 된들 무슨 소용이 있을까마는 훗날을 위해 도마뱀을 통째로 먹기로 했다.

에고, 정력덩어리인 우리 도마뱀님께서 눈치도 빠르다. 달아나는 도마뱀의 대추격전이 시작됐다. 고놈의 도마뱀이 어떻게나 빠른지 해병대 최말단 소총부대에서 훈련을 받은 내가 2번의 실패 끝에 잡는 순간 꼬리가 떨어졌고 4번째에 겨우 생포했다.

도마뱀을 올려보니 노르스름한 게 참 맛깔스럽게도 생겨먹었다. 난 심호흡을 크게 한 다음 도마뱀을 입 속에 집어넣

었다. 도마뱀아! 이게 다 인연이고 운명이 아니겠느냐? 내가 주간지의 한방란만 안 봤어도 너와 내가 이런 인연이 어찌 일어날 수 있으리오. 다 팔자소관이라고 생각하고 나를 원망하지는 말거라.

이거 먹기도 전에 온몸의 피가 뜨거워지는 걸 보니 한방란의 내용이 맞긴 맞는 모양이다. 그러나 정작 어려움은 지금부터였다. 도마뱀도 목구멍 속으로 들어가면 죽을 수밖에 없는 것을 아는 양 입 밖으로 기어 나온다.

독자들은 도마뱀의 살려고 하는 생존본능을 탓해서는 안 된다. 나는 두 손가락으로 도마뱀의 옆구리를 꽉 조인 다음 정조준 하듯이 머리부터 천천히 목구멍으로 밀어 넣었다. 그리고 재빨리 엄지손가락으로 꼬리 빠진 도마뱀의 엉덩이를 밀어붙였다.

목구멍에 도마뱀 머리의 까칠까칠한 감을 느낄 때 50%의 성공을 확신했다. 조금만 더 밀면 된다고 생각하는 순간 목에 침을 놓는 양 심한 통증이 왔다. 도마뱀이 최후 발악으로 목젖을 생명줄인 양 꽉 움켜진 모양이다.

그래 좋아, 누가 이기나 보자? 나도 오기 하나로 이 험한 세상을 살아온 놈이고, 오죽하면 해병대에 지원했겠냐?

나는 도마뱀의 엉덩이를 세차게 밀어붙였다. 그러면 그럴

수록 도마뱀은 내 목젖을 악착같이 붙들고 있는지 목의 통증은 비례해서 더욱 아파왔다. 이제는 아픈 것도 문제려니와 구토까지 수반한다. 이거 이러다 도마뱀이 목젖을 이빨로 물어뜯으면 어떻게 되는 거야?

흑백TV 시절 한국의 야생다큐멘터리를 본 적이 있다. 물뱀이 물고기의 싸움왕자인 꺽지를 입 속으로 삼킨 순간 뱀이 경련을 일으킨다. 알고 보니 꺽지가 뱀의 아가리에 들어갈 때 날카로운 이빨로 뱀의 혀를 물어버린 것이다. 뱀은 꺽지를 도로 뱉어 내려고 안간힘을 쓰지만 싸움의 왕자답게 꺽지는 요지부동이었다. 사투의 1시간이 흐른 후 둘 다 죽어서 물에 둥둥 떠내려갔다.

"재수 없으면 나도 그렇게 되지 말란 법이 없지 않은가?"

그렇다면 차라리 기절시킨 다음에 먹어야겠다는 다급한 생각에 어금니로 도마뱀의 몸뚱이를 살짝기 깨물었다. 몽골몽골한 도마뱀 몸통의 감각이 이빨을 타고 흐른다.

양어금니에 낀 도마뱀의 몸뚱이를 향하여 짓누르기를 몇 번 더 시도했으나 기절은커녕 뭉툭한 꼬리를 어떻게나 흔드는지 입술이 따갑다. 그나저나 도마뱀이랑 언제까지 이렇게 살아야 되나? 식은땀이 흐르고 목젖에서는 피가 나는 것 같다.

뱉어버릴까? 약육강식의 엄숙하고도 무서운 자연법칙을

거스르는 도마뱀 놈아! 너 그렇게 살면 하느님께 죄짓는 거야. 각설하고, 나는 산 채로 못 먹을 바엔 대한민국 금수강산에서 사이좋게 살기로 했다.

도마뱀을 뱉어내자 땅 위로 떨어진 도마뱀은 얼이 빠진 듯 미동도 않더니 반 토막난 꼬리를 부르르 흔들고는 풀 속으로 사라진다.

"저 놈이 고맙다는 거여? 미안하다는 거여?"

목이 따끔 거려 침을 뱉었더니 침 속의 빨간 피가 햇빛에 선명하다. 천하에 미련한 놈이다. 아무리 도마뱀이 정력제의 황제라지만 피가 날 정도로 물고 있냐고….

가만, 침 옆에는 조금 전 도마뱀이 놓고 간 5센티미터의 꼬리가 뜨거운 태양빛을 받아 익고 있다.

"도마뱀 놈아! 꿩 대신 닭이라고 네 꼬리라도 먹어야겠다."

나는 노리끼리한 도마뱀 꼬리를 집었다. 도마뱀 꼬리는 방금 전 자기 주인이었던 몸통과 내 아가리와의 사투를 모르는지 조용히 처분을 기다리고 있다. 꼬리를 입 속에 넣었더니 비린내가 약간 풍겼지만 꿀꺽 삼켰다.

"그래서 당신이 도마뱀 꼬리를 먹은 효과를 좀 본 거요?"

"여보쇼! 산삼도 몸통을 먹어야 효과가 있지, 털 몇 가닥 먹었다고 무슨 대수요?"

오호 원통하도다! 그때 어떻게 해서든지 그 도마뱀 몸통을 생으로 꿀꺽 먹었으면 사나이 대장부가 어찌 밤을 두려워하랴.

원효대사

오늘 부부싸움의 발단은 으레 그렇듯이 아주 사소한 것이다. 오래간만에 일찍 퇴근했더니 저녁이 진수성찬이다. 밥과 국은 기본이고 순두부와 눌은밥까지 곁들여 나와서 맛있게 먹고 있는데 집사람이 옆에 앉는다.

"저녁을 먹었는데, 입맛이 또 당기네."

"그래? 눌은밥이나 순두부를 더 먹지."

집사람은 먼저 눌은밥을 몇 숟갈 먹다 말고는 순두부에 간장을 뿌리더니 몇 숟갈 뜨고는 일어선다.

"당신이 먹다 만 걸 나보고 먹으라는 거야? 둘 중에 하나만 먹어야지."

"아니, 먹으면 안 돼요?"

"나보고 당신이 먹다 남긴 걸 먹으라는 거야. 나 안 먹어."

집사람이 얼굴을 찡그리며 안방으로 가버린다. 평소 내 입가에 어쩌다 밥풀이라도 하나 붙으면 핀잔을 주는 사람이 왜 이런 행동을 하는지 이해가 안 간다. 그래서 동서와 처남댁들과 모일 기회가 있어서 이 음식사건을 가지고 인민재판을 했는데 결판이 나지 않았다.

정말 우리나라 식문화의 가장 큰 문제가 음식 소유에 구분이 없는 거다. 하나의 찌개에다 이 순갈 저 순갈 마구 저어대는 걸 정상으로 알고 있으니 말이다.

이런 습관이 조선 때도 있었다고 한다. 소위 왕이 먹던 수라상을 3정승이 내리받아 먹고, 다시 3정승이 먹은 상을 다음 직위가 먹었다는 것이다. 왕이든 신하든 자기 먹을 만큼만 떠먹으면 되는데, 위에서부터 휘적거리며 내려오니 아랫사람들은 윗사람 침을 먹을 수밖에 없다.

어쨌든 이같은 비위생적인 음식문화는 이젠 버려야 한다는 것이 내 생각이다. 집에서도 찌개를 먹을 땐 각자가 조그만 그릇에 담아 먹는 습관을 가져야 되는데 잘 안 된다.

친구끼리 어쩌다 횟집이나 고깃집에 가면 어떤 친구는 자기 젓가락으로 회나 고기 한 점을 집어서 내 접시에 올려놓는다. 정말이지 이 친구의 행동은 나의 입맛을 일거에 사라지게 하는 것도 모르고 계속 자기 젓가락으로 내 접시에 얹어준다.

이 친구랑 술집에 가면 안주를 자기가 먹던 젓가락으로 만지작거리다 말고는 딴 안주를 집는다. 그래서 안주가 나오자마자 두부 자르듯 반을 갈라도 내 안주를 만지작거리는데 어쩔 수 없다. 거기다 입 안에 안주를 가득 넣은 채 떠들다 보면 입 속의 안주가 파편 튀듯이 나와 안주 속에 처박힐 때는, "에이, 다음부터는 만나지 말아야지."

오죽하면 어떤 사람이 신문기고란에다 "자기 침을 타인에게 먹이지 맙시다"를 기고했을까.

국책연구원에 있을 때였다. 그때는 미혼이었는데 우리 팀에는 대학 후배인 남자 연구원과 여자 연구원이 있었다. 이 여자 연구원은 미국에 유학 가서 경제학 석사까지 밟은 재원이었다. 또 얼굴이 조선시대의 전형적 미인형인 데다 몸매도 아주 아담했다. 거기다 어느 한구석 거만함이 없이 항상 미소짓는 얼굴로 겸손했다. 집안도 아버님이 꽤 이름 있는 회사의 사장이라고 했다.

모처럼 우리 팀 3명이 점심을 먹기 위해 같이 나갔다. 연구원 앞에 있는 한식식당에 들어갔는데 후배는 된장찌개, 나와 여자 연구원은 순두부를 시켰다. 오늘도 일용할 양식을 주신

하나님! 감사하게 먹겠습니다요.

한참 맛있게 먹고 있는데 앞에서 먹던 여자 연구원이 갑자기 몸을 사시나무 떨듯 부르르 떠는가 싶더니 재채기를 토후한다. 그것도 입 속 가득히 밥을 넣자마자 정면에 있는 나를 향하여 “에- 이- 취!” 소리와 동시에 그 여자의 입 속에 있던 밥과 순두부가 수류탄 파편처럼 내 얼굴로 튀겼다.

그것뿐만이 아니라 내가 먹던 밥과 순두부 그릇을 보니 그 여자 입에서 갓 출발한 순두부 조각과 빨간 밥알이 여기저기 빛났다.

"어머나! 이를 어째, 죄송해요."

미안한 얼굴로 어쩔 줄 몰라 하는 여자 연구원을 오히려 내가 위로했다.

"아니 괜찮아요."

폭풍우가 지나간 자리는 다시 정상이 되었다.

난 아무 일도 없었다는 듯이 얼굴에 묻어 있는 순두부 조각과 밥알을 털어내고는 내 밥과 순두부를 다 먹었다. 물론 내가 먹은 밥과 순두부에 여자 입에서 튀어나온 밥알이 몇 개나 섞여 있었는지를 알 길은 없었지만 맛나게 먹었다.

더욱이 내가 밥을 다 먹자 그때까지 덜 먹었던 그 여자가,

"이 밥 더 드세요."

자기가 먹다 남긴 밥 중 반 정도를 자기가 먹던 숟갈로 한 술 퍼서 내 밥그릇에 담아 준다. 그 밥을 보니 마치 먹다 남긴 밥덩이라고 증명이라도 하듯이 여기 저기 벌건 순두부 물이 묻어 있었지만, 난 개의치 않고 그것도 맛있게 다 먹었다.

근데 말이야, 솔직히 말해서 만약 그녀가 퍽녀였더라면 어떻게 되었을까?

"이 여자 보게. 재채기를 어디다 하는 거야. 에이 더러워. 주인아저씨! 여기 순두부 하나 추가요. 그리고 그 돈은 여기 여자에게 받으시라요."

신라의 고승인 원효는 어느 중과 함께 당나라로 불경을 배우러 갔다. 아마도 그 당시에는 당나라로 불경을 배우러 가는 것이 유행이었던 모양이다.

어느 날 밤중에 원효가 야산에서 자다 말고 목이 말라 물을 찾았다. 마침 웬 그릇에 물이 고여 있어서 옳다구나 하고 그 물을 먹었는데 목이 말라서 그런지 아주 꿀맛이었다. 근데 아침에 일어난 원효는 기겁했다. 어제 자기가 먹던 그릇이 해골바가지였던 것이다.

그때 원효대사는 이 세상은 마음먹기에 따라 천당도 되고 지옥도 된다는 것을 깨달은 것이다. 그래서 당나라 가는 걸 중도에서 포기하고 다시 신라로 돌아갔다고 한다. 물론 물을 안 먹은 다른 중은 계속 당나라로 갔을 테고….

그럼 나도 원효대사님처럼 집사람이 먹다 남긴 음식을 하늘이 내게 주신 보약이라 생각하고 맛있게 먹어야 되나.

"여봐, 니가 해골 맛을 알아?"

날 좀 봐다오

이제까지 집사람과 근 18년을 넘게 살아왔지만 집사람이 만든 음식이 특별히 맛있다고 먹어본 기억은 없다. 내가 원래 아침을 안 먹는 데다 저녁도 회사에서 먹거나 아니면 술을 먹다보니 안주로 저녁을 때운 경우가 많기 때문이다.

한편으론 집사람도 직장을 다녀서인지 음식 만드는 걸 아주 중노동이라고 생각한다. 그러다 보니 애들도 할머니가 만든 음식에 길들어서 그런지 어쩌다 집사람이 큰맘 먹고 만든 음식을 그다지 좋아하지 않는다.

오늘따라 웬일로 집사람이 이른 저녁부터 주방에서 톡탁거리며 무엇인가 열심히 만들고 있다. 생각 같아서는 "당신 먹을 만큼만 만들어요" 하고 싶지만 말하는 그 순간부터 긴 여정의 부부쌈이 시작됨을 익히 알기 때문에 꾹 참는다.

여하튼 군인이 철모에 총 들고 구보할 때 군인다운 씩씩함이 보이듯이, 여자도 행주치마를 두르고 솥뚜껑 잡고 있을 때가 가장 여자답게 보인다. 나중에 보니 집사람이 만든 건 소고깃국이었다.

온 가족이 오래간만에 저녁식사에서 집사람의 야심작인 푸짐한 소고깃국을 대했다. 그러나 난 그 고깃국의 성능을 너무나 잘 안다. 결국은 작은아들만 몇 순갈 뜨다 만 고깃국을 냄비에 몽땅 도로 넣는다. 아마도 그 고깃국은 냉장고에서 며칠 버티다 결국은 음식쓰레기통으로 직행할 것이다.

늦은 밤 물 먹으려고 나가는데 자다 깬 집사람이 말한다.

“여보, 고깃국 좀 냉장고에 넣어줘요.”

고깃국 냄비를 왼손으로 들고 오른손으로 냉장고를 열다고만 떨어뜨리고 말았다. 냄비가 너무 커서 한 손으로 들기엔 무리였지만 이미 엎질러진 물이다.

정말이지 냄비에 있을 때는 그 양을 몰랐는데, 거실 바닥에 쏟아 논 고깃국을 보니 무지하게 많았다. 일단 고기와 무 등 건더기는 대충 손으로 건져 냄비에 넣고 나서는 큰휴지로 고깃국물을 대충 흡수했다. 그리고는 걸레를 가지고 세면기에 세제 풀은 물로 3번 정도 닦았는데도 여전히 느끼한 고기 냄

새가 코를 찌른다.

조용한 야밤에 걸레 든 내 꼴을 보니 한심한 생각이 들어 절로 욕이 나온다.

"에이, 자기 먹을 만큼만 만들면 되지. 지도 먹지 않으면서 왜 이렇게 많이 만들어서 날 고생시키는 거야."

정말이지 로르카가 생을 마감하면서 울부짖었던 "제발 나를 이 벌판 속에 홀로 울게 내버려 다오"처럼 날개만 있다면 어디론가 멀리 날아가고 싶었다.

형아, 가지 마

어머니가 밖에 나갔다 오시다 작은 새 한 마리를 가져왔다. 누군가 애완용으로 기르다 버린 새 같은데, 새를 보니 깃털에 때가 붙어 있고 눈을 껌뻑거리는 등 정상이 아니었다.

그래도 제일 신난 놈은 6살인 작은아들이다. 작은아들은 아침에 일어나서 제일 먼저 하는 일이 새에게 안녕 인사를 하고 좁쌀을 넣어준다. 허지만 새는 목만 겨우 갸우뚱하다 먹지도 못하고 꾸벅꾸벅 존다. 어머니와 작은아들의 지극 정성에도 불구하고 새는 3일 만에 죽었다.

내가 죽은 새를 아파트 화단에 묻으려고 나가자 아들도 따라왔다. 화단의 구석진 곳에 구덩이를 파고 새를 묻는 순간 어깨를 들썩이며 우는 아들을 보니 코끝이 시큰하다. 한갓 미

물인 새의 죽음에도 이렇게 맘이 아픈데 가족의 죽음으로 인한 아픔은 하늘 끝까지 닿는 거겠지.

내가 사람이 죽는다는 것을 안 것은 초등학교 1학년 때인 강원도 산골에 살 때였다. 막내 남동생이 3살이어서 학교 갔다 오면 동생을 돌보거나 놀려 주었다. 근데 하루는 막내가 누워 있고 아버지와 의사 아저씨가 심각한 표정으로 막내를 보고 있었다. 나는 막내가 무지하게 아프구나 생각했지만 내일이면 곧 일어날 거라고 생각했다.

어느 날인가 학교에서 막 왔는데 막내가 죽었단다. 어머니 말로는 우리 집이 기찻길 건널목 옆이라 기차의 기적소리에 놀래서 죽은 것 같다고 했다.

난 동생의 죽음이 너무 슬퍼 대문에 앉아서 울고 있는데, 지나가던 옆집 아주머니가 "무슨 일이냐?" 하고 묻는다.

"동생이 죽었데요…."

아주머니는 혀를 차고는 그냥 간다. 나는 동생의 죽음에 슬퍼하지 않는 아줌마가 미웠다.

아버지는 동생을 품에 안고서 산으로 갔다. 따라오라는 아버지의 말씀은 없었지만 나는 동생이 혼자 가는 걸 싫어하리라 생각해서 따라갔다. 산중턱의 비석도 없는 조그만 봉오리

묘에 동생을 안장했다. 따스한 햇살이 비치고 있는 동생 묘에 아버지는 들꽃을 한 묶음 꺾어서 놓았다.

그리고는 흰 뭉게구름이 떠있는 하늘을 보시며 담배를 연거푸 몇 대 피우고 나서는 말씀하신다.

"얘야, 이젠 가자꾸나."

아버지를 따라서 산길을 내려가는데 "형아! 가지 마"라고 소리치며 동생이 우는 것 같았다. 그 후로 한동안 산속에 남겨진 동생의 죽음은 내 머리를 떠나지 않았다.

정치자금

토요일 날에 개코와 훈이를 만나 모처럼 신포동에서 저녁을 먹고는 호프 한 잔을 했다.

개코가 갑자기 주위를 두리번거리고는 귀엣말로 속삭인다.

"나, 내일 김 선배 따라서 서울 마사회에 갈 거야."

"웬 마사회?"

알고 보니 마사회 사장은 집권 여당인 ○○당에서 내려간 사람인데 그 사장이 전국 지방위원장을 일요일날 점심식사에 초대했다는 거다.

그런데 김 선배는 ○○당 인천위원장에다 과거 대통령 측근임을 감안한다면 마사회 초대가 보통 예사롭지 않다는 거였다. 이번 점심 초대는 틀림없이 정치자금을 합법적으로 만

들어 주기 위한 모임 같다고 힘주어 말한다.

"야, 정치자금이라면 비밀히 해야지. 벌건 대낮에 수십 명을 초대해서 정치자금이 만들어지겠냐?"

"요샌 옛날과 달라서 몰래 정치자금을 만드는 게 아니라 공개적이고 합법적으로 만드는 거야. 거 왜 정치 후원회가 그런 거야."

개코는 정치자금에는 빠꼼이라는 듯 한술 더 떠서 말한다.

"마사회 사장 정도라면 경주마 중 1등 할 말을 알고 있을 것이고, 그 말을 찍으면 정치자금 모으는 건 땅 집고 헤엄치기란 말이여."

"에이, 경마장에 오는 사람들이 수만 명이라는데 네가 돈을 따면 그 사람들은 눈뜬장님이냐?"

"수만 명이니 누가 돈을 따도 모르는 거야."

나나 훈이는 경마엔 경자도 모르는 문외한이지만 경마장의 특수성을 감안한다면 그럴 수도 있을 것 같았다. 게다가 개코는 자기 혼자만 돈 벌지 않겠다고 우리가 돈을 딸 수 있는 방법까지 제시한다.

마사회 사장의 점심 초대니 점심을 먹고 나면 마사회 본부장실에서 마사회 사장이 초대받은 사람들에게 넌지시 1등 경주마를 알려줄 것이다. 그러면 자기가 화장실에 들어가서 핸드폰 문자로 1등 경주마 번호를 우리에게 찍어주겠단다. 우린 돈을 같이 먹겠다는 개코의 우정에 가슴이 뭉클했다. 이래서 된장과 친구는 묵을수록 좋은 거다.

그리고 개코는 최소 10배 정도는 벌 것 같으니 돈은 각자가 알아서 가지고 연수동 경마장으로 가란다. 자기도 집사람에게 연수동 경마장으로 가라고 할 테니 거기서 만나면 된다고 했다. 개코 집사람이야 몇 번 보기는 봤지만, 이런 걸로 보기엔 조금 거시기 하지만 떼돈 버는 마당에 그런 걸 따질 처지가 아니다.

집으로 가면서 개코 말을 믿어야 할지 말아야 할지 생각이 많았다. 그러나 가끔 신문에 1등 경주마를 터트려서 수백 배나 벌었다는 기사를 생각하면 10배 정도야 벌수 있을 것 같았다.

"여보! 내일 아침 급히 돈 쓸 일이 있는데 돈 좀 있는 대로 모아요. 많으면 많을수록 좋아."

"아니, 무슨 일이기에 갑자기 돈얘기예요?"

의아해 하는 집사람에게 방금 전 들은 개코얘기를 조금 보태서 말했다.

"참, 당신도 순진하구려. 정치자금을 아무나 하냐고요?"

평소 내 친구에 대해 너무나 잘 알고 있는 집사람은 아주

무시하는 투다.

"이봐요, 누구나 인생에 한 번은 큰돈 벌 기회가 오는 거야. 이번엔 진짜 같으니 빨리 있는 대로 돈 좀 모으구려."

믿지 못하겠다는 집사람을 억지로 설득해서 받은 돈이 겨우 200만 원이다. 그것도 내일 아침 일찍 은행가서 찾아야 한단다. 내 생각 같아서 시간만 충분하다면 집 담보라도 잡혀서 1억 원을 가져가고 싶다.

막말로 10배 튀겨서 9억을 남기면 회사 고만두고 어디 해외 나가서 여생을 편히 보낼 수 있을 텐데.

"이런 게 있으면 시간을 줘야지. 하루 전에 얘기하다니."

그래도 2백이라도 가지고 가면 최소 천8백만 원은 남길 수 있으니 그 걸로 위안 삼아야지….

아침에 택시를 타고 연수동 마사회로 갔다. 10시까지 오라고 했는데 어젯밤 돈 생각하다고 늦잠을 잔 게 탈이다. 연수동 마사회에 도착한 건 정확히 10시 반이었다. 가서 보니 훈이, 개코 집사람과 처남, 처남의 친구 모두 4명이 경주마 스크린을 열심히 쳐다보고 있다.

개코 집사람에게 어색하게나마 인사를 나누고는 훈이에게,

"개코는 연락이 없었냐?"

"응, 조금 전 김 선배랑 마사회로 가고 있다고 연락이 왔어."

"혹시 개코놈이 지 집사람에게만 연락하는 건 아니겠지."

"그럴 리가 있냐? 우리가 몇 십 년 친군데."

"야! 돈 앞에선 의리, 친구 버리는 놈 많아."

"그럴려면 어제 얘기를 했겠냐? 믿고 기다려 보자고."

아마도 마사회 본부장실에서 점심 먹는다고 가상하면 최소 1시부터는 하겠군. 그동안 경마연습이라도 하려고 마침 옆에 있는 작달막한 40대 아줌마에게 자문을 구했다.

"아줌마, 제가 이게 처음인데요. 하는 방법 좀 알려주세요."

"쉬워요. 저기 달리는 경주마 번호를 매표소에서 사면 되요."

"어느 말을 삽니까?"

"처음이니 만 원만 하세요. 3번 마를 사보세요. 저 말이 1등할 것 같네요."

윽! 이 아줌마는 어떻게 1등 말을 이렇게 콕 찍어서 얘기한다냐. 머리가 혼란스럽다. 1등 말을 알지 못하기 때문에 다들 피박 쓴다는데, 이 아줌마는 어떻게 1등 할 말을 아는 건지 알다가도 모를 일이었다.

어쨌든 내가 찍은 3번 마가 1등을 했다.

"아줌마! 아줌마 말이 맞았어요. 1등이에요. 이건 얼마가 배당되는 거죠?"

아줌마는 빙긋이 웃으며 일반적으로 1등 할 말은 다 알고 있다는 거다. 따라서 평소 1등 못하는 말이지만 어느 날 혜성처럼 1등 할 말을 찍어야 대박을 터트릴 수 있다는 거였다. 그래서 내가 1등 말을 찍어도 배당이 없다는 얘기였다. 난 대충 이해는 가지만 오늘 처음 나온 놈이 얼마나 알겠냐고.

옆에 있는 남녀 4명은 돈다발로 사고, 그 중 한 남자는 매표소를 전부 돌면서 사는 걸 봐서 프로 같았다.

아까 1등 말을 찍어준 아줌마가 다가와서는,

"오늘 처음 하는 것 같은데 하지 마세요. 저도 본전 찾겠다고 여기 나와서 지금까지 집 하나 날렸어요."

그나저나 점심시간이건만 다들 점심 먹을 생각을 안 한다. 훈이만 있다면 도시락이라도 사서 먹고 싶은데 개코네 3명까지 있으니 선뜻 점심 먹자는 얘기가 안 나온다. 그냥 점심 대신 자판기 커피 한 잔으로 때우고 있으려니 2시 반이다. 지금쯤이면 개코한테서 연락이 와야 되는데 핸드폰에 문자가 안 보인다.

"훈아, 개코에게 문자 좀 보내라. 상황 진도 좀 알리라고."

얼마 후 훈이가 개코에게서 날라온 문자를 보여준다.

"조금만 기다려. 곧 시작할 것 같아."

훈이는 얼마를 가지고 왔는지 모르지만, 내가 오늘 번 돈은 집사람 모르게 두고두고 비자금으로 쓸 계획이다.

남자가 사회생활하다 보면 이것저것 쓸 일이 많은데 집사람은 그걸 이해 못한다. 그리고 2백만 원 정도는 개코를 줄 생각이다. 아무리 죽마고우 친구지만 공과 사는 분명해야 되고, 또 이런 일이 앞으로도 있을 걸 대비해서 주는 게 현명한 짓이다. 나머지 천6백만 원은 내가 죽을 때까지 야금야금 쓸 생각을 하니 가슴이 뿌듯했다. 역시 남자는 비자금이 있어야 살맛이 난다.

시간은 벌써 3시가 넘어가는데 개코가 보내는 문자는 한결같이 곧 알려줄 것 같으니 조금만 더 기다리란다. 혹시 우리에게 안 보내고 지 집사람에게만 보냈는지 의심이 가서 슬그머니 개코 집사람을 보니 매점 앞 의자에 앉아서 스크린만 쳐다본다. 게다가 처남과 친구까지도 뒤에 앉아 있는 걸 보니 저쪽도 개코에게서 어떠한 메시지도 받지 않은 게 틀림없었다.

어느덧 4시가 넘어가니 이젠 믿음보다 의심이 든다. 마사회 사장이 정치자금을 만들어 준다고 전국의 지방위원장을 불렀으면 그 수가 수십 명이다. 게다가 개코처럼 ○○당이랑 관계없는 사람도 따라갈 정도라면 정치자금 비밀이 지켜질 리가 없다. 암만 생각해도 정치자금 모임이 아니라 단순한 점심 초대 모임일 것이라는 생각이 들었다.

연신 흘러가는 시간을 보지만 초조한 건 우리나 개코네 집사람 쪽이나 마찬가지다. 4시쯤 해서 개코로부터 마지막 문자가 날라왔다.

"미안하다. 빨리 집에 가라."

아휴! 이 좋은 일요일날 개코의 허황된 정치자금 얘기를 믿고 와서 점심까지 쫄쫄 굶고, 이게 무슨 꼴이냐. 그나저나 집에 가서 집사람에게 들을 말은 뻔하다.

"당신! 정치자금 혼자 먹지 말고 반만 내놔요."

이별 시절

아버지, 어디 계세요

오랜만에 충북 청원군 내수면 세교리에 있는 아버지 묘에 절을 올렸다.

"아버님! 언제까지나 아버님이라고 부르며 살 것 같던 제가 어느새 아버지가 돼서 왔습니다. 아버님! 요새 아버지 노릇하기가 힘드네요."

현대사회의 젊은 세대에게는 어머니 이미지는 따뜻한 모성애와 자애로움인 반면 아버지는 무뚝뚝함, 이기적, 권위적으로 인식되고 있다고 한다. 더욱이 핵가족화라 그런지 개인주의적이고 독립적인 생활을 추구하는 신세대 자식들과 근엄하고 존경받는 가부장적 모델에 익숙한 아버지 세대 사이에 큰 갭이 있단다.

정말이지 나 역시 아버지 노릇 하기가 무척이나 힘들다는 의견에 동감이 간다. 집사람에게서 귀 아프게 들어 왔던 "당신은 남편으로서 빵점!"은 어쩔 수 없다지만, 최소한 아버지 역할마저 빵점은 될 수 없기에 노력해 보지만 마음대로 되지 않는다.

고등학생인 큰아들은 지금까지 아버지가 자기에게 공부하라는 말 외에는 한 말이 없다면서 대화가 실종된 지 오래이다. 그래서 그런지 어쩌다 마주치더라고 형식적인 인사만 할 뿐이다.

애가 고등학교 1학년에서 2학년 올라갈 때 문과반이 적성에 맞는다고 했지만, 내가 억지로 이과반에 보낸 건 기술이라도 하나 익히면 하루 밥 세 끼는 먹을 수 있다는 소박한 심정에서였다. 나도 수학을 끔찍이나 싫어했지만 이과반에 들어가면 최소한 밥은 굶지 않는다는 아버지의 의견을 따랐었다.

"그래서 당신 지금 밥은 먹고 있지 않소?"

"당신은 밥만 먹고 사오?"

이게 중요한 게 아니고 아들은 이과반에 다니면서 1년 내내 아버지 때문에 이과에서 하기 싫은 과목을 하고 있다고 불만이었다. 그래서 2학년 말 간신히 다시 문과반으로 돌렸다.

3학년 수시모집에 이왕 인문대학에 가려면 청운의 꿈을 갖고 국가공무원에 도전해 볼 수 있는 행정학과에 응시하라고 했더니,

"아빠! 인생길은 많으니 제 인생은 제가 알아서 할게요."

더욱이 내일모레가 대학입시 수능임에도 불구하고 컴퓨터 앞에서 밤새도록 인터넷 게임을 즐기고 있는 걸 볼 땐 주먹이 부르르 떨린다. 애가 대학에 들어가면 좀 나아질까 기대했건만 대학에 들어가서도 부자 간의 냉랭함이 좀처럼 개선될 기미가 안 보인다.

대학 1학년생이 뭘 안다고 무슨 농활인지를 다니고, 며칠 전엔 학생회장 후보자 당선을 위해 뛰어다녔다고 한다. 더구나 그 학생회장은 한총련 소속이라든가?

그 얘기를 듣자 열이 올라,

"야! 그 단체는 이적단체라는데?"

"아빠가 그 단체를 아세요?"

"이 자식이 하라는 공부는 안 하고, 니가 벌어서 대학 다녀."

"저도 그러고 싶어요."

어이가 없어 집사람보고 "저놈, 용돈 주지 마!"라고 했지만 영 맘이 편치 않다.

모 교수가 아버지에 대한 존경과 권위를 기억하는 기성세대와 자기중심적인 신세대 간의 세대차이가 아버지 소외를 더욱 부추기고 있다고 지적했지만, '온고지신'이란 말이 있듯이 인생의 지혜로운 길은 내가 더 잘 아는데 도통 들을 생각을 안 한다.

여하튼 대학까지는 어떻게든 학비를 주겠다만 졸업만 하면 그 날로 독립시킬 계획이다. 그러면서 내 아버지도 나와 같은 갈등을 겪었으리라고 생각해 본다.

왜냐하면 나도 고 3때 아버지의 공부소리가 지겨워서,

"아버지! 공부가 인생의 전부가 아니에요."

"뭐야! 이놈이."

아버지께 따귀를 한 대 맞고 도망간 기억이 있기 때문이다.

아버지는 1920년생으로 충북 청원군 북일면 비상리에서 부호의 차남으로 태어났다. 아버지는 평소 살아온 얘기를 하시지 않아 많이 알지는 못하지만, 일제 때 청주농고를 졸업 후 중국 만주에서 회사를 다니시다 해방과 더불어 귀국했다고 한다. 귀국 후엔 학교 선생과 경찰을 잠깐 하시고 나서는 광산회사인 영풍광업을 마지막으로 재직했다.

또 아버지는 1950년대의 중반 서울지구 육군 병참장교로 근무하던 시절에는 쌀창고 관리장교라서 돈을 궤짝으로 들고 다녔다고 한다. 그러다 무슨 사건으로 당시 나는 새도 떨어뜨린다는 특무대 모 장군의 취조를 받고 나서 옷을 벗었다고 큰외삼촌에게서 들었다.

아버지가 돌아가실 때의 병명은 중풍이었다. 처음에는 병명이 뭔지도 모르고 지냈는데, 자꾸 눈이 충혈되고 역정을 잘 내는 데다 걸음걸이가 불편해서 병원에 갔더니 높은 고혈압이었다.

내가 대학 3학년일 때 아버지와 동네의원에 가서 혈압을 재보니 200이 넘었는데 그 후부터는 거동도 많이 힘들어했다. 그래도 이 아들 결혼식까지는 살아야 한다면서 민간요법으로 까시나무를 푹 삶아서 즙을 드시고, 어린아이 오줌도 받아 드시기도 했다. 한약도 당시 거주했던 경북 봉화군 석포리에서 기차로 3시간이나 걸리는 충북 제천시까지 가서 약을 지어 왔지만 효험이 없었다.

내가 한창 취업 준비에 눈코 뜰 새 없었던 대학 4학년 2학기 때 아버지의 병이 매우 악화됐다는 전보를 받고 아버지를 뵈러갔다. 어릴 때부터 매우 엄하시던 아버지였기에 마음적으로 가까이 하기가 어려웠다. 누워계신 아버지를 뵙고 "아버님!" 하고 부르니 어렵게 한손을 들어 내 머리를 쓰다듬고 눈물을 흘리셨다. 난 면도칼로 아버지의 덥수룩한 수염을 깎아드리려고 비누칠을 하면서 석가모니를 생각했다.

석가모니는 처자와 왕국을 버리면서까지 왜 죽는지를 알려고 열반할 때까지 고뇌했다지만, 정말 석가모니는 죽음이라는 문제를 해결했을까? 대부분의 많은 사람들이 죽음의 그림자를 잊고 살다가 어느 날 찾아온 죽음을 보고는 절망하고 후회하는 게 우리의 모습이다.

아버지의 깨끗해진 얼굴을 보고는 아버지가 한평생 살면서 알았던 여자들은 지금 다 어디 있을까? 지금도 왜 그때 그런 생각이 났는지 모른다. 어쩌면 인생사 남녀의 모든 인연이 죽음의 마지막에 가면 다 부질 없는 거라는 생각이 들어서였는지 모르겠다.

아버지가 돌아가신 날은 10년 만의 강추위라는 1978년 1월 18일이었고 53세였다. 얼마 전 아는 형님이 폐암으로 돌아가셨는데 그 형님의 나이가 53세의 나이였다.

그 형님을 길병원에서 잠시 뵐 때 많이 여위었지만 웃는 낯으로 "변서방 왔어. 내가 딱 10년만 더 살아야 되는데…. 요새 입맛이 없어. 매운 육개장이 먹고 싶어" 하고는 얼마 안 되어서 돌아가셨는데 지금에 와서 53세를 보니 정말로 젊디젊은 나이였다.

아버지의 장례는 동네 어르신들이 많이 도와주었는데, 석포가 아버지 고향은 아니었지만 무려 10년 넘게 살았으니 동네 사람들과 정을 붙인 모양이었다.

옛말에 정승집 개가 죽으면 사또가 와서 개를 끌어안고, "아이고 개님! 왜 이리 일찍 돌아가셨습니까요? 우리 정승님이 므시기 낙으로 살라고?"라고 슬피 울지만 정승이 죽으면 똥개만 달을 보고 짖는다나.

아버지는 살아생전에 고향이 필요 없으니 화장을 해서 당시 살던 곳에 뿌리길 원했다. 그러나 어머니는 화장 후 선산인 충북 청원군 내수면 세교리에 안장하기로 했다. 상식적으로는 그냥 선산으로 직행하면 되는데 왜 화장을 한 후 안장을 했는지 모를 일이다.

우리는 석포에서 영구차로 2시간 거리의 영주시 근처의 화장터로 갔는데, 지금은 그렇지 않겠지만 그땐 고비마다 돈이었다. 차가 언덕을 올라가려면 기름 값을 줘야 가고, 화장터에 가서도 화력을 잘 부탁한다고 뒷돈을 건네야 되고, 거기다

아버지 모신 관이 고급인 줄 알고 그 관을 달라고 한다.

거참 돌아가신 것도 슬픈데 웬 노잣돈이 그리도 필요한지 부아가 치밀었다. 허긴 조선 때의 장례식 때도 망자의 입 속에 옥구슬을 넣어 저승길 노잣돈을 쓰라고 했고, 또 그걸 노리고 관 속을 뒤집고 다닌다는 도둑도 많았다고 한다.

화곡에서 나온 아버지 유골을 순서대로 흰 종이에 싸서 상자 안에 차곡차곡 담았다. 우리가 제천역에 도착했을 때는 어두운 저녁이었다. 제천역부터는 기차로 선산이 있는 청원군 내수역까지 가기로 했다.

저녁을 역 앞의 한 식당에서 먹고는 열차 의자에 앉자마자 우리 가족 전부가 피로감에 녹초가 되었다. 달리는 차창 밖은 깜깜한 밤인데다 따뜻한 스팀이 의자 밑에서 살살 올라오니 눈이 스르르 감겼다.

얼마를 달렸는지 모르지만 거 왜 살다보면 뭐랄까? 본능이라고 표현해야 하나, 아니면 기라고 해야 되나. 여하튼 어떤 이상한 느낌 때문에 선반을 봤는데 "악!" 소리가 절로 나왔다. 선반에 있어야 할 아버지 유골을 싼 파아란 보자기 상자가 없다. 잘못 봤나? 아니면 꿈을 꾸는 건가? 머리를 흔들어 봤지만 아버지의 유골상자가 없어진 건 분명 사실이었다. 머리가 띵 한 정도가 아니라 하늘이 노오랬다.

“어머니요! 아버님이 없어졌어요.”

잠에서 막 깬 어머님이,

“으응, 뭐가 없어졌다구?”

“참, 아버님이 없어졌다니깐요.”

“이를 어쩌나.”

흐느끼는 어머니의 울음소리에 객차 내 사람들이 수군댔다.

1978년 당시는 다들 어려운 시대라 기차간에 좀도둑들이 많이 설쳤다. 아마도 어떤 도둑이 상자 속에 무슨 귀중한 게 있는 줄 알고 슬쩍한 게 틀림없다.

다행히 달리는 기차니 객차 어딘가에 아직 도둑이 있을 거라는 판단 아래 앞 칸으로 달려갔다. 군대서 무장공비 잡는 5분대기조도 해보았지만 이보다 빠를쏘냐?

앞 칸으로 달려가는 그 짧은 순간에 온갖 생각이 들었다. 혹여 도둑놈이 전 역에서 내렸음 어쩌지? 아니면 영영 못 찾는다면 무슨 면목으로 아버님을 보나?

“아버님, 어디 계세요?” 하고 외치며 2번째 칸으로 옮겨 갔을 때였다. 방금 지나친 맨 앞좌석과 벽 사이에 파아란 색깔의 보자기 상자가 보였다. 아버지 유골상자를 보자 왈칵 눈물이 쏟아졌다.

난 아버지를 부여안고,

“아버님! 이 불효자를 용서하세요.”

아마도 짐작컨대 도둑이 내 목소리를 듣고 다급한 김에 여기 놓고 숨어버린 게 틀림없다. 허긴 도둑도 여기서 멈춘 게 행운이다. 만약 더 갔더라면 도둑도 혼비백산했겠지….

어머니, 보고 싶습니다

어머니는 3년 전 한쪽 유방암을 수술했다. 유방암이란 젊은 여성이 많이 걸리는 걸로 알았는데 노인에게도 유방암이 생길 줄은 몰랐다. 당시 어머니는 가슴에 작은 돌이 잡혔지만 통증이 없기에 무심코 지나치다가 우연히 집사람에게 발견되었다. 어머니는 암수술 후 3년 동안 주기적으로 병원에 다니시던 어느 날 숨이 차다고 했다.

다시 병원에 입원해서 진단한 결과 의사는, "암이 폐로 전이되서 숨이 찬 겁니다. 너무 노령이라 수술은 권하지 않겠습니다. 일단 폐에 든 물은 빼겠지만 당분간입니다"라고 말했다.

어느 날 어머니는 분당에 살고 있는 여동생집을 갔다 오시더니 본인 스스로 의사가 있는 요양병원에 가기를 원했다.

어머니를 인천시 서구에 있는 은혜병원에 모셨던 날은 2004년 10월 24일이었다. 병실은 9인용이었는데 환자들 대부분이 거동도 못하고 하얀 머리로 죽음 직전에 있었다. 그날 병실에서 어머니의 주름진 피부를 만지면서 많이 울었다. 이 병실에서 어머니가 임종을 맞을 거라는 생각이 들었기 때문이다. 또 많은 사람이 누워서 대소변을 보지만 어머니는 스스로 화장실을 다닐 수 있는 몇 안 되는 환자였다.

우리 가족은 주말이면 어머니를 뵈러 갔지만 어머니의 얼굴엔 죽음에 대한 초조함이나 두려움은 없었다. 다만 병원에 오시기 전 미국에 계신 작은외삼촌의 전화를 받았을 때였다. 어머니가 우시면서, "얘야, 이젠 내가 죽을병이 걸렸으니 살아서는 너를 볼 수가 없겠구나. 아마도 이게 마지막 전화일 것 같구나"라고 말씀하셨다.

조금씩 걷던 어머니는 12월 초부터는 휠체어에 의존해야 할 정도로 건강이 나빠졌다. 그래서 홍콩에 거주하던 남동생인 대수가 12월 10일에 귀국해서 회사로 전화를 했다.

"형, 여기 병원이야. 어머니와 같이 있어. 그리고 나 형 못 보고 홍콩에 가야 돼."

"응, 그래. 아직도 바쁜가 보구나. 어머니와 얘기라도 많이 하고 가거라."

홍콩에서 개인사업을 하는 남동생은 여러 사업을 많이 벌여서인지 한국에 오기가 쉽지 않았다.

2004년 12월 17일 자고 있는데 전화기 소리가 적막 속에 크게 울렸다. 집사람이 황급히 전화기를 들었다. 시계를 보니 새벽 3시 반이다. 이 시간에 전화가 온 것은 은혜병원에 있는 어머니에게 무슨 일이 일어났음에 틀림없다고 생각하니 긴장이 되었다.

전화를 받고 난 집사람이 다급한 목소리로 말한다.

"여보! 홍콩에서 왔는데…."

"병원이 아니고 홍콩이라니?"

"중국 광동성으로 출장 간 동생이 의식불명이라 지금 동서가 중국으로 간다고 하네."

"대수가 의식불명이라니?"

머리가 혼란스러웠다. 평소 건강 하나만큼은 자신 있다고 큰소리쳤으니 시간이 가면 깨어나겠지.

성남시 분당에 있는 회사는 출근시간이 8시까지라 인천에서 최소한 6시 전에 집을 나서야 한다. 7시쯤 교대역을 가고 있는데 핸드폰이 울린다.

"여보, 어서 집으로 와!"

"왜? 무슨 일이야?"

"동생이 의식불명이래."

"아까 얘기한 거 아니야. 회사에 갔다 갈게."

대수가 의식불명이라지만 집사람의 울음 섞인 말이 맘에 걸렸다. 회사에 도착해서 업무를 보고 있는데 8시 30분쯤 핸드폰이 또 울린다.

분당에 살고 있는 막내 여동생이 울면서,

"오빠, 작은 오빠가 중국에서 죽었데."

"대수가 죽었다고?"

부리나케 집으로 달려가는데 막내 여동생의 전화가 또 왔다.

"오빠, 우린 3시 비행기로 홍콩에 가는데 오빠도 같이 가?"

"내 여권은 갱신을 안 해서 죽은 지 오래다. 여기서도 할 일이 많으니 니들이나 빨리 가아."

외국생활을 많이 한 매제와 여동생이 가면 큰 도움이 될 것이다. 난 동생의 죽음이 믿어지지 않았다. 매년 귀국하여 인천 길병원에서 정기검진 받을 때마다 "건강은 어떠냐?"고 물으면 쾌활한 몸짓을 보인 동생이었다.

집에 도착해서 친척에게 전화로 동생의 죽음을 알리는데 모두들 믿기지 않는 듯 재차 물어본다. 게다가 동생의 제물포고 동창생도 연신 핸드폰으로 동생의 죽음이 사실이냐고 묻는다.

방금 전 홍콩에 도착한 매제가 전한 동생 사고를 보면 동생은 친한 사람의 개업식 축하연 때문에 12월 16일 집이 있는 홍콩에서 중국 심천으로 가서 저녁을 먹었다.

저녁을 먹는 와중에 동생은 가슴이 아프다고 하소연하면서 먹은 음식을 몇 번 토했고, 집으로 돌아가겠다는 동생을 동행한 모 은행 차장이 아픈 몸으로 어디 가냐고 호텔로 안내했단다. 호텔방에 와서도 토하고 싶다며 화장실로 들어가서는 나오지 않아 차장이 화장실 문을 열어보니 동생이 이미 죽어 있었다는 것이다.

급히 앰뷸런스를 불러 동생을 병원으로 옮겨 심장소생술을 1시간가량 해보았지만 동생은 깨어나지 못했다. 이국땅 중국 심천의 병원에서 의사가 동생이 죽었다고 한 시간이 12월 17일 새벽 2시였고 그때 나이 만 49세였다.

마침 집에 있는 맥주 1병을 먹었지만 답답해서 밖으로 나온 때는 저녁 무렵이라 어둑어둑한 데다 이슬비까지 뿌렸다.

"임마, 맨날 바쁘다고 하던 놈이 겨우 이거냐고?"

부평역 앞의 술집에서 먹기 시작한 것이 동인천역까지 내려갔다. 고등학교 선배를 찾아갔을 땐 몸마저 가눌 수 없었고 놀란 선배는 나를 부축하여 택시에 태워 보냈다.

다음날 동생의 영안실을 인하대병원으로 정했지만 동생 유해도 상주도 없어 발인을 언제 해야 할지 알 수가 없었다. 더욱이 중국 당국에서는 동생의 사인이 심장마비사로 유추되지만 보다 확실한 사인을 밝힐 때까지는 화장이 불허된다는 것이다. 그래서 장례기간을 12월 18일 12시부터 19일 밤 11시까지 사용하기로 하고 영안실 호수는 F호 16평짜리를 정했다.

영안실에 대수의 사진을 올려놓고 향을 피우니 연기 속에 아롱거리는 대수가, "형, 나 여기 있어"라고 말하는 것 같다. 누님이 향을 올리며 운다. 아무리 생각해도 동생의 죽음을 믿을 수가 없다.

우리 가족은 내가 고등학교 때 가세가 기울어 부모님은 경북 봉화군 소천면 석포리에 가서 여인숙을 운영했다. 누님과 나, 동생인 대수와 경란 4명은 인천에서 살았다.

동생이 같은 대학을 입학할 때 난 2학년을 끝마쳤고, 둘이 다니기엔 학비 부담이 너무 커서 내가 해병대에 지원입대를 했다.

군 제대를 하고 나니 동생은 ROTC가 되어 1978년에 같이 졸업하였다. 동생은 군 제대 후 삼성물산 강관부서에 들어가 홍콩지사로 파견되어 중국시장을 개척했다. 동생은 40대 중반에 독립하겠다고 삼성물산에 사표를 내고 홍콩에서 계속 살면서 여러 사업을 벌여왔던 차에 사고가 난 것이다.

동생의 유해가 언제 올지 몰라 애태우는데, 매제로부터 중국 당국의 화장 허가가 떨어져서 12월 21일 오후 2시에 인천국제공항에 도착한다는 연락이 왔다. 대수의 유해도 상주도 없는 인하대병원 영안실에 친구들이 와서 동생의 갑작스런 죽음을 애도했다. 또 동생 동기인 제물포고 18회인 동창생도 많이 왔다. 특히 내가 고등학교 때 봤던 동생 친구들은 더욱 안타까워했다.

대수야! 네 동창이 제물포고 18회 홈페이지에 올린 추모글을 보려무나.

> 신병으로 먼저 갔다는 소식에 할 말을 잊었다.
>
> 정말 우리 삶이 이렇게 연약한 것이었다면, 서로 더 잘 이해하고 더 잘 지내었야….
>
> 이렇게 먼저 작별을 고할 기회도 없이 떠나다니, 우리 삶은 먼지와 같구나.
>
> 좋은 친구 앞세워 정말 슬프다. 잘 가라, 대수야.

12월 20일은 집사람과 답동 천주교성당에 가서 동생의 유해가 안치될 하늘의 문 납골당 호수를 계약하고 부평4동 성당에 가서 연령회를 알아봤다.

동생의 유해가 오는 12월 21일은 추운 날씨에다 하늘마저 찌뿌듯했다. 우리 가족은 서구 백석에 위치한 천주교 묘지인 '하늘의 문'으로 갔다.

관리사무실에 갔더니 소장분이 어제부터 대수가 언제 도착하는지 묻는 전화가 어찌나 많이 오는지 정신을 못 차릴 정도란다. 관리사무소 옆에 대형 화환이 와 있는데 보낸 분이 변재섭 씨다. 또 대수가 예전에 근무했던 삼성물산 부서에서 오신 분들에게 감사의 인사를 했다.

여동생이 핸드폰으로 공항에 도착해서 이제 막 '하늘의 문'으로 가고 있다고 알려오는데 눈물이 났다. 여동생이, "오빠! 울지 마" 하지만 자기도 울고 있다. 얼마 후 차 2대가 하늘의 문으로 들어오는데 검은 띠를 두른 차에 상주인 상진이가 유해를 안고 앉아 있다.

동생이 안치될 납골함의 A-2단-0488호 앞에 영정을 세우고 유골함을 놓았다. 연령회에서 죽은 자에 대한 기도문을 올리는데, 제수씨는 대수의 영정을 부여안고 서럽게 울었다. 누님이나 나나 여동생이나 이 아픈 맘을 어찌 필설로 표현할 수 있으랴?

드디어 납골함 문이 열리고 대수의 유골함이 다시는 볼 수도, 열 수도 없는 공간으로 들어간다. 여동생이 통곡하며 묵주를 꺼내서, "오빠! 이거 엄마 꺼야. 가지고 가" 하며 유골함 옆에 넣는다.

관리소 아저씨는 늘 하던 일이라는 듯 능숙하게 납골함 문을 붙이고 돌아갔다. 우리와 한 형제로 태어나 이승에서 희로애락을 겪어왔던 동생은 49년의 짧은 생을 마감하고 회색 벽면 속으로 영원히 사라졌다.

> 삶과 죽음의 길은
> 이승에 있음에 머뭇거리고
> 너는 간다는 말도
> 못 다 이르고 갔는가?
> 어느 가을 이른 바람에
> 여기저기에 떨어지는 나뭇잎처럼
> 같은 나뭇가지에 나고서도
> 너 가는 곳을 모르겠구나.
> 아! 극락세계에서 만나 볼 나는
> 불도를 닦으며 기다리겠노라.
>
> — 월명사의 〈제망매가〉 —

또 이날은 83세를 맞는 어머니의 마지막 생일이기도 했다. 납골당에서 차로 30분 거리의 어머니가 있는 은혜병원에 가니 어둠이 짙게 깔린 7시였다. 오늘은 우리 가족과 여동생 부부만 가기로 했고, 제수씨 가족은 밖에서 기다리기로 했다. 또 함께 가면 어머니가 의아해 할까 봐 먼저 여동생과 매제가 케이크를 사들고 출발하고 우리 가족은 30분 후에 출발하기로 했다.

어머니 생일선물로 큰아들은 화장품인 피부크림을 사고, 작은아들은 알록달록한 예쁜 양말을 샀다. 납골당에서 조금 전에 본 매제를 처음 만난 것처럼 반갑게 악수하고서, 우리는 휠체어에 앉아 있는 어머니를 중심으로 생일케이크를 자르는데 눈물을 참을 수가 없다.

어머니, 당신이 귀하게 키운 대수는 이국땅 중국에서 죽어 오늘 납골당에 안치했어요. 그러나 동생의 죽음을 어머님께 알릴 수는 없습니다.

작은아들이 해피 버스데이를 선창하자 우리 모두 따라 불렀다.

"어머님, 촛불 끄세요?"

어머니가 끄지 못한 3개의 촛불은 내가 불어서 껐다. 결코 즐거워해서는 안 될 날에 우린 즐거워야 했고, 난 흐르는 눈물을 감추려고 어머니 뒤에 섰다.

여동생의 눈가가 벌게지자 어머니는,

"얘야, 니가 왜 우니?"

"응, 엄마 생일을 여기서…."

내 생애에 이런 날이 있으리라고는 꿈에도 생각지 못했다.

"어머니, 대수는 중국에 들어갔대요."

"응, 걔는 맨날 바쁘니…."

어머니는 내색은 하지 않았지만 섭섭함이 역력했다. 더욱이 최근엔 매일 아침마다 어머니에게 안부전화를 하던 놈이 어머니 생일인 오늘 같은 날 전화 한 통 없으니 많이 섭섭하셨으리라.

어머니가 가지고 있는 핸드폰은 내 핸드폰보다 기능이 좋다. 그건 어머니가 입원하자마자 여동생이 사드린 거라 그런지 사진기능까지 부착되어 있다.

어머니를 중심으로 사진을 찍는데 무엇보다 어머니 당신이 손수 기른 손주가 좋은가 보다. 어머니를 중심으로 두 애가 함께 찍어 어머니 핸드폰 표면에 박았다. 평소에도 달다고 칭찬하는 작은아들은 어머니의 주름 잡힌 손을 연신 쓰다듬는다.

9시쯤 병원에서 나왔는데 밖에서 기다리고 있던 제수씨와 상진이, 상미가 어머니를 봤다고 했다. 밤이라 밖에서는 안을 볼 수 있지만 안에서는 밖을 볼 수 없기 때문이었다.

"제수씨, 이젠 대수가 남긴 상진이와 상미를 잘 키우는 것만이 먼저 간 동생이 원하는 일입니다. 하늘에서 동생이 보고 있으니 맘 굳게 먹으세요."

제수씨는 동생이 대학교 1학년 때 인천에서 만나 우여곡절 끝에 결혼에 골인한 사이였다. 그러다 보니 여동생이랑 친자매처럼 지내온 사이이기도 하다.

대수야, 네가 하늘나라에 간 지도 벌써 한 달이 넘는구나. 요샌 병원에 갈 때마다 어머니는 널 찾고 있단다. 네가 중국 과학자들과 산속 오지에 들어가 광산을 찾기 때문에 당분간 연락하기가 어렵다고 했다. 대수야, 그렇다고 중국에 무한정 있을 수는 없지 않겠니? 지난번엔 어머니가 너에게 전화하겠다고 핸드폰 번호를 알려 달라는 걸 참으시라고 했다.

▲「하늘의 문」 내에 있는 납골당에 하얀 눈이 내리고 있다.

대수야, 오늘따라 매우 춥구나. 네가 있는 방은 매우 춥겠지. 더욱이 불까지 없으니 답답도 하겠구나. 너한테 자주 간다면서도 못 가는구나. 가까이 있는 이 형이라도 자주 가야 네가 덜 쓸쓸할 텐데….

대수야, 난 지금도 네가 하늘나라에 있다는 걸 믿고 싶지 않구나. 네가 있는 하늘나라는 어떠니? 우리 모두 언젠가는 갈 수밖에 없는 길이지만, 부모보다 일찍 가는 건 불효 중에 불효란 걸 지금 뼈저리게 느끼고 있단다.

대수야, 네가 마지막으로 효도할 일이 하나 있구나. 어머니가 돌아가시면 인사도 못하고 어머니보다 먼저 하늘나라에 와서 죄송합니다라고 큰절을 드리고 하늘 가시는 길을 안내하려므나. 어머니가 하늘나라 초행길에 얼마나 불안해 하시겠니. 이 형은 네가 어머니 손을 잡고 하늘나라로 가는 걸 생각하니 조금은 위안이 되는구나.

▲ 어머니가 홍콩에 가서 노을을 배경으로 동생 대수와 오붓한 시간을 보내고 있다.

대수야, 그러고 보니 너 아버지한테 혼나지 않았니? 왜 아버지 나이만큼도 못 살고 하늘나라에 왔냐고? 아버지에게도 너무 일찍 하늘나라에 와서 죄송하다고 큰절을 올리고 아버지 품에 안겨보려무나.

어머니는 새해인 2005년 1월로 접어들고부터는 대부분의 시간을 침대에서 보냈다. 한편으론 어머니는 의사가 말릴 정도로 먹는 것에 집착했다. 병문안 갈 때마다 먹고 싶은 음식을 주문했는데 그 종류가 초콜릿, 사탕 등 다양했다.

누이가 사온 음식은 대개 재래시장에서 사온 것 이 많았는데 조금 드시고선, "이것아, 맛있는 것 좀 사와봐!"라고 하시며 내가 듣기에도 민망할 정도로 누이를 책망했다.

특히 대수가 홍콩 한약방거리에서 가지고 왔던 한약재 달인 물을 좋아 했는데 대수가, "어머니, 이 한약재는 백두산에서 채취한 한약재라 암에 특효래요."

아마도 어머니는 그 물을 드실 때마다 대수의 느낌을 받는가 보다. 허긴 대수는 약관 30세부터 삼성물산 홍콩지사로 파견되어 어머니와 많은 시간을 같이 보내지 못했었다.

대수가 하늘나라에 간 지도 한 달이 넘자 어머니가 이상하다는 듯 물으신다.

"애야, 대수가 어째 소식이 없냐?"

"어머니, 대수가 아직도 중국 산속에서 광산을 캐고 있어요. 아마도 당분간 나오지 못해요. 또 거긴 산속 오지라 전화도 없는가 봐요. 어머니, 대수가 아버지를 닮았나 봐요."

아버지는 1978년 1월 21일 53세의 나이로 돌아가셨는데 당시 아버지는 영풍광산에서 오래 근무하셨다.

"광산은 아무나 하는 게 아니라는데…."

1월 말부터는 산소마스크를 하루 24시간 찰 정도로 어머니의 건강이 나빠졌다. 어머니는 많은 시간을 침상에서 보내다가 우리가 가면 휠체어에 옮겨 타서 잠시 복도를 거닐었다. 그리고 화장실도 실내 변기통에서 일을 봤다.

그러나 동생에 대해선 일절 묻지 않았다. 아마도 동생이 중국 오지에 있으니 한국에 오는데 시간이 좀 걸린다는 걸 아시는가 보다. 그래서 그런지 어머니에게 매주 가는 일요일날에도 어머니는 대수얘기보다 손주얘기를 했다.

"애야, 상민이는 어떻게 지내니?"

"어머니, 그놈이 군대를 가야 되는데 군대 갈 생각을 안 하네요."

"애비야, 걔가 태어날 때 아주 꿈이 좋았단다. 너무 책망하지 말아라."

그러는 와중에 담당의사가 체중이 불어난 어머님에게 절식을 권고하였다. 그건 체중이 불면 물이 찬 폐를 더욱 압박하기 때문에 숨쉬기가 더욱 힘들어질 것이라고 했다.

"어머니, 의사선생님이 드시는 것 좀 조금씩 드시래요."

"무슨 소리야? 잘 먹어야지."

나는 안다. 왜 어머니가 음식에 집착하시는지. 언제 올지 모르는 대수를 기다리기 위해서다. 간병인 얘기를 들으면 어머니는 아침에 일어나면 침상 위에서 손을 뻗치거나 흔들어 열심히 운동을 하신다고 했다. 아마도 어머니는 대수가 금방 올 것 같지 않음을 느끼셨는지, 대수가 올 때까지 살기 위하여 부단한 노력을 하고 있었던 것이다.

2월 초가 되자 어머니는 하루의 대부분을 침상에서 누워 보냈다. 그러면서 답답함을 토로했다. 폐암으로 인해 호흡하는 것도 힘들지만 한편으론 대수의 소식 없음에 대한 표현이었다. 그때마다 진통제을 투여했지만 효과는 길지 않았다.

어머님! 저도 답답하답니다. 어머니가 기다리던 대수는 영원히 오지 않을 거예요. 기다리지 마세요.

2월 중순이 되자 어머니는 침상에서 내려오기조차 힘들어 하셨다.

어느 날인가 어머님은 아주 화난 얼굴로,

"대수, 소식 없지?"

"어머니, 경란이 쪽으로 대수의 편지가 왔대요."

"그러면 그렇지. 걔가 그럴 애가 아니지."

대수의 편지 아이디어는 작은애가, "아빠, 작은아빠가 쓴 것처럼 편지를 써서 할머니 주시면 되잖아요."

그래서 여동생에게 부탁해서 대수가 쓴 것처럼 필기체와 웃기는 얘기를 한 장 써서 어머니에게 드렸다. 내가 잠시 편지를 읽어보니 중국에서 잘 먹고 아침마다 운동하고 매일 어머니를 생각한다는 내용이었다. 허지만 어머니가 학수고대하는 언제 온다는 얘기는 있을 리가 없다. 여동생이 이걸 쓰면서 얼마나 울었을지 짐작이 갔다.

편지를 받아 본 어머니는 환한 얼굴로 대수의 편지를 고이 접어서 베개 밑에 두었다. 나중에 간병인 얘기를 들어보니 어머니는 아침에 일어나서 제일 먼저 하는 일이 대수편지를 꺼내 읽어 본다고 했다.

2월 말에 어머니는,

"애비야, 내 방 서랍을 열면 모아 논 돈이 있으니 좀 가지고 오너라. 죽기 전에 애들에게 용돈이라도 주어야겠다."

"어머니, 왜 벌써 그러세요."

"아니다. 이러다 덜컥 죽으면 어떡하니."

어머니에게서 용돈을 받은 큰애가,

"할머니, 빨리 일어나셔서 집에 가요."

"쓸데없는 말이야. 이 할미는 나갈 수 없는 걸."

3월 초가 되자 어머니는 본인 스스로가 시간이 많지 않다는 걸 아시는지 대수를 찾는 얘기가 많아졌다. 허긴 대수가 죽은 지도 벌써 2개월 반이 넘었으니 말이다.

"애비야, 대수가 이 어미가 죽는 줄도 모르는구나."

"대수가 중국에 잡혀 있는 게 아니니?"

그러던 어느 날 늦은 저녁이었다. 침상에 간신히 앉아 있는 어머니의 등을 두드리고 나서 창밖을 보고 있으려니, "애비야, 대수는 기다리지 마라. 난 괜찮어. 대수는 기다리지 마라. 난 괜찮어. 난, 괜찮아…" 하시더니만 통곡을 하신다. 2개월이 넘도록 전화 한 번 하지 않는 대수에 대한 섭섭함이 극에 달한 모양이다.

아무리 사업이 바쁘더라도 당신 자신이 죽음 직전에 있는데도 오지 않는 아들에 대한 원망과 서러움이었으리라. 난 어머니 손을 잡고, "어머님, 대수가 나쁜 놈이에요. 오면 많이 때려주세요."

나중에 어머니가 돌아가신 후 느낀 것이지만, 어머니는 대수에게 뭔가 이상이 있다는 걸 본능적으로 아신 것 같았다. 다만 본인 스스로가 대수가 어머니에게 못 올 정도로 무슨 나쁜 일이 있다는 가상의 현실을 믿고 싶지 않았을지도 모른다.

3월 10일부터 어머니는 폐암의 고통 속에 하루의 대부분을 누워서 보냈다. 그와 비례해서 어머니의 대수에 대한 그리움은 더욱 커져만 갔다. 내 핸드폰이 울리면 눈을 번쩍 뜨시고는 핸드폰을 쳐다봤다. 빨리 핸드폰을 받으라는 눈짓을 하는 것은 혹여 대수일 것이란 잠재의식이 있기 때문이었다. 더욱이 최근에 의식마저 가끔 잃을 때가 있었는데 의식이 있을 때는 대수를 찾았다.

홍콩에서 제수씨가 어머니의 위중함을 듣고서 한국에 오기로 했다.

"어머니! 홍콩에서 내일 온대요. 어머니 기쁘시죠."

어머니는 머리를 끄떡였다. 이젠 어머니는 약간의 죽도 드시기 힘들어 하셨고 의식도 가끔 혼미하였다.

하루는 어머니 손을 어루만지고 있는데, "나, 안 죽었어. 왜 묻으려고 해?" 라고 소리치신다.

어머니가 이렇게도 세상의 끈을 놓지 못하는 것은 단 한 가지, 지난 3개월 동안 보지 못한 동생 대수를 기다리고 있기 때문이리라.

홍콩에서 제수씨와 애들이 온 것은 3월 17일 저녁이었다. 제수씨와 애들이 병실에 들어서자 어머님의 첫 마디가,

"얘야, 대수는 왜 안보이냐?"

"어머님, 상진아빠는 아버님에게 갔어요."

"아버지에게 가다니?"

어머니가 무슨 말인가 의아해 하시자 제수씨가 울며,

"상진아빠는 하늘나라에 갔어요. 어머님."

그제서야 대수의 죽음을 안 어머니는 눈물을 흘리시며,

"내 목을 자르고 대수를 살려라. 빨리 가서 대수를 살리고, 내 목을 자르거라."

제수씨와 여동생이 나가지 않고 울자 어머니는, "간호원! 간호원!"을 계속 부르시고 나서는 한동안 눈을 감으셨다.

얼마 후 눈을 떠서는 제수씨에게,

"얘야, 세상 살다보면 어려운 일이 있는 거란다. 그때마다 지혜롭게 살아야 한다…."

이 말씀이 이 세상에서 마지막으로 남기신 어머니 유언이었다. 정말 당신 스스로 키운 아들의 죽음을 알았을 때 그 충

격이 얼마나 컸으랴만, 그럼에도 그 슬픔을 느끼기보다 며느리의 앞날에 대한 걱정을 먼저 하신 어머니였다.

내가, "어머님, 대수 많이 기다렸죠. 이젠 기다리지 마세요. 하늘나라에 가시면 대수놈 많이 혼내주세요. 이젠 하늘나라에 가셔서 대수도 만나고요. 아버님도 만나세요."

만약 제수씨가 대수의 죽음을 어머니에게 알리지 않았다면 우리 가족 어느 누구도 말하지 않았을 것이다. 몇 번이나 대수를 애타게 기다리는 어머니를 볼 때 알리고 싶었다. 그러나 지난번 모 신문에 80먹은 노모가 40대인 셋째 아들의 죽음을 3년 만에 우연히 알고서 자살했다는 기사를 보고는 도저히 알릴 수 없었다.

대수의 죽음을 알고 난 후 어머니의 건강은 한 시간이 멀다 하고 급격히 나빠졌다. 의사선생님이 무슨 일이 있었느냐고 물을 정도였다.

의사선생님이, "알리지 않는 게 좋았을 텐데요. 앞으로 혈압이 떨어지기 시작하면 임종하니 지금부턴 누군가 옆에 있어야 됩니다."

어머니는 그날 이후 한 시간이 다르게 숨 한 모금을 아주 힘겹게 들이마시고 토하신다. 가끔 눈가가 불그름했었는데 그건 동생의 죽음에 대한 슬픔이었으리라. 난 어머니의 가슴에 머리를 묻고 많은 생각을 했다. 이렇게 가시는데 그동안 어머니에게 해드린 게 너무나도 없음을 알았다.

일주일 전에도, "얘야, 저녁은 먹었니?" 하시며 내 걱정을 하신 어머니였다. 난 어머니 귀에 대고,

"어머님, 고마워요. 저를 잘 길러 주셔서. 어머님 사랑합니다. 하늘나라에 가시면 아버님도 있고요. 그렇게 보고 싶어 하던 대수도 있어요. 어머님, 대수 만나면 혼내세요. 왜 먼저 하늘나라에 갔냐고요. 어머님, 상민이와 상익이를 키우느라고 힘들었죠. 어머님, 이젠 어머님을 부를 시간이 없네요…."

3월 20일 일요일 저녁 병원으로 가고 있는데 여동생의 전화가 왔다.

"오빠, 나 병원에 와 있어. 올 때 엄마가 입을 내의 사와"

계양시장에서 은빛깔의 곱디고운 내의를 들고 병원에 도착하니 여동생과 제수씨, 상민이가 어머님 옆에 앉아 보살피고 있었다. 이젠 어머니는 세상과의 연을 끊으시려고 반 모금씩 힘겹게 숨을 토하셨다.

상민이가 울면서 말한다.

"할머니, 죽지 마세요. 죽으면 안 돼요."

"상민아, 할머니는 아직 돌아가시지 않을 거야. 집에 가 있

거라."

그날 밤은 담당 간호원은 물론이고 여동생과 제수씨가 간호를 했다. 난 병실 옆에 있는 간이휴게실에서 잠시 눈을 붙이는데 제수씨가, "빨리 오세요. 어머님이 돌아가실 것 같아요"라고 소리친다.

병상에 달려가니 간호원이 혈압체크를 하면서 혈압이 떨어지는 상태라 곧 운명하실 것 같다고 알렸다. 맥박체크기를 보니 90, 70, 30, 20 10, 0 으로 떨어지더니 심장박동기를 알리는 파도형태가 평형 일자로 멈췄다. 난 어머니 침상 앞에 무릎을 꿇고, "어머님, 이 불효자를 용서하세요. 제가 잘못했어요. 어머님, 저를 용서하세요"라고 통곡했다.

어머니에게 조금 전 사온 내의를 입혀서 인하대병원 영안실로 모셨다. 많은 친척 분들과 회사 동료, 인천고 동창생과 동생의 제물포고 동창생들이 문상을 왔다. 또 무엇보다 부평 4동 성당의 연령회 분들이 오셔서 많은 수고를 했다.

발인 날인 3월 22일 아침에 염을 했다. 두 분이 어머니의 온몸을 정성껏 씻고 나서 얼굴 화장을 한 후 가족되는 사람만 들어오게 했다. 난 어머니의 단정하게 빗은 머리를 만지고 이마에 손을 댔다.

"어머님, 이승에서 어머님의 아들로 태어나서 마지막으로 어머님을 봅니다. 이 시간이 지나면 앞으로 영원히 어머님 모습을 볼 수가 없어요….”

부평 4동 성당의 10시 미사에서 어머니 운구를 놓고 신부님 미사를 받았다. 신부님은 어머니가 은혜병원에 있을 때 병원까지 오셔서 마지막 미사를 하셨던 분이었다. 신부님은 강론에서 어머니가 아들의 죽음을 꿋꿋이 인내하셨던 분이라고 칭송하셨다.

오후 1시 운구차로 부평화장터로 갔다. 이 세상에 나오셔서 한 가족을 꾸리면서 온갖 희로애락을 겪었던 어머니는 이젠 세상의 모든 것을 놓고서 관 속에 누워서 불 속으로 천천히 들어가셨다. 우리 모두 안타까움에 눈물을 흘리며 어머니께 마지막 인사를 했다.

“어머님, 하늘나라로 안녕히 가세요.”

◀ 여동생이 잠시 있었던 영국 런던에서 어머니가 장미꽃을 배경으로 찍었다. “어머니, 장미꽃과 잘 어울리네요!”

아직도 따뜻한 어머님의 유골함을 안고 화장터를 나올 때 여동생이 말했다.

“역시 한국사회는 빨리 빨리야. 지난번 작은 오빠를 중국에서 화장할 땐 2시간이나 기다렸는데.”

“그러고 보면 어머니 성격과 닮았네. 어머니 성격도 불같이 급하잖어.”

우리는 ‘하늘의 문’ 납골당으로 갔다. 부평4동 연령회 분과 여동생이 다니고 있는 분당 레지오회원이 어머니를 위한 미사를 했다. 3개월 전인 2004년 12월 21일 동생 대수를 안치한 이곳에 어머니를 모시고 다시 온 것이다.

“어머님, 대수가 바로 옆에 있어요. 이젠 정말로 같이 있네요. 그동안 대수가 보고 싶었죠. 이젠 많이많이 보세요.”

“대수야, 어머님이 오셨다. 그동안 너를 애타게 기다렸단다. 어서 빨리 나와 절하거라.”

어머니가 안치될 A-3-0573호의 납골함이 열리고 유골함이 들어갈 때 대수의 중학생 사진을 유골함에 붙였다. 그동안 대수를 애타게 기다렸던 어머니의 소원을 풀어드리고 싶었다.

“어머님, 대수 사진입니다. 중학생이라 어린애 같네요. 그래도 어머님 곁에 있으면 어머님과 얘기를 나눌 수 있겠네요.”

어머님! 어머님이 하늘나라에 가신 지 벌써 2년 반이 됩니다. 시간이 흐를수록 당신의 모습이 더욱 그립습니다. 후회와 자책은 살아남은 자의 몫이라고 하지만, 이제 와서 후회하고 자책한들 무슨 소용이 있겠습니까? 이미 당신은 멀리 떠나셨는데….

하나님! 하늘에 계신 어머님과 아버님, 동생 대수의 영혼을 위로해 주시고 이 땅의 저희에게도 평화를 주시기를 간절히 기도드립니다. 언젠간 저도 하늘나라에 가게 되면 어머님을 꼭 뵙고 싶습니다.